文化吉林

通榆卷

弘揚長白山文化
打響吉林特色地域文化品牌

王儒林

　　吉林有文化，而且吉林文化有底蘊、有潛力、有特色、有希望。從前郭縣王府屯距今約一百萬年的石製工具到距今十六萬年的樺甸仙人洞和距今三萬年的榆樹人，從燕趙文化東進到漢武帝設四郡，從扶餘、高句麗、渤海文明的興衰更替到遼金、清朝問鼎中原，從抗日烽火、解放硝煙到新中國老工業基地的紅色記憶，從二人轉、吉劇、長影到吉林期刊、吉林歌舞和吉林電視劇現象，勤勞智慧、淳樸善良、勇於開拓的吉林人民在白山松水間創造出絢麗多彩的地域文化，成為中國文化版圖上一道獨特風景。

　　文化與山素來結緣，正如泰山之於魯，嵩山之於豫，黃山之於皖，長白山是吉林的象徵、吉林的品牌。吉林文化始終與長白山難捨難分、血脈相連，集中體現於長白山文化之中。長白山文化發源和根植於吉林沃土，是包容吉林各民族文化、蘊含吉林發展歷史、反映吉林人性格特質、凸顯吉林氣派的「大文化」；是中華民族「多元一體」文化的重要組成部分，源遠流長、博大精深，構成了吉林文化的骨骼和脊梁。在地域文化越來越受到人們關注、文化軟實力越來越成為衡量一個地區核心競爭力的重要指標的當今時代，大力弘揚作為吉林文化標誌性符號的長白山文化，把這份寶貴的文化資源保護好、挖掘好、利用好、開發好，對於打響吉林特色地域文化品牌，鑄造極具時代內涵的吉林精神，提升吉林文化軟實力，凝聚吉林改革發展正能量，無疑具有十分重要的現實意義。

近年來，我省大力推進以優秀吉林地域文化為主要內容的長白山文化建設，出臺了《長白山文化建設規劃綱要》，啟動實施了長白山文化建設工程，在長白山文化資源保護研究、挖掘整理、開發利用等方面做了大量工作，取得了顯著成績。我們要進一步加強長白山文化理論研究，豐富長白山文化內核和外延，進一步加強長白山文化遺產的發掘、保護和展示推介力度，擴大長白山文化的影響力，進一步加強對長白山文化內涵的拓展和提升，把長白山文化資源更好地轉化為文化產品、文化事業和文化產業，推動長白山文化建設躍上新臺階，推動吉林文化大發展大繁榮，為實現富民強省目標、中華民族偉大復興、中國夢做出貢獻。深入挖掘、研究、整理長白山歷史文化，既是一項宏大浩繁的系統工程，又是一項功在當代、利在千秋的基礎工程。希望有更多有識、有志之士投身長白山文化建設事業，讓這份寶貴的文化資源更好地服務於當代，惠澤於未來。

由省委宣傳部組織編撰的《長白山文化書庫》系列叢書，是長白山文化建設工程的重要標誌性成果。叢書從基礎研究、地方特色、主要藝術門類三部分，對長白山文化的歷史資源進行了全面細緻的挖掘和整理，堪稱長白山文化研究與普及的鴻篇巨製，不僅對研究和宣傳長白山文化大有裨益，而且對培育吉林文化品牌、樹立吉林文化形象也將產生積極的促進作用。在叢書即將付梓之際，謹表祝賀並向全體工作人員致以問候。

主編寄語

莊嚴

　　長白奇迤蘊靈秀，松江悠長毓文傑。千百年來，雄渾壯美的白山松水賦予了肥沃豐饒的吉林大地以生機和活力，滋養了吉林人民勤勞睿智、堅韌進取、寬容開放的精神品格，積澱了多元融合、底蘊深厚、色彩斑斕的地域文化。這獨具魅力的吉林特色地域文化猶如一株馥鬱芳香的花朵，在中華民族文化百花園中爭妍綻放。

　　文化是經濟發展之根，是社會發展之源。省委、省政府高度重視文化建設，制定出臺了《長白山文化建設規劃綱要》，把吉林省歷史文化資源工程列入宣傳思想文化工作「六大工程」之一。省委宣傳部深入貫徹落實省委、省政府的要求，開展《長白山文化書庫》建設，啟動實施了《文化吉林》叢書編撰工作，將其作為全省宣傳思想文化工作的重要舉措，周密部署，精心組織，強力推進，取得了預期成果，為全省人民奉獻了一份珍貴的精神食糧。

　　《文化吉林》叢書是《長白山文化書庫》中全景展現特色地域文化的重要組成部分。年初以來，我省廣大宣傳文化工作者以對家鄉、對歷史、對文化事業的高度責任感和使命感，不畏繁難，勤勉執著，嚴謹認真，精益求精，在資料收集、遺產挖掘、書稿撰寫等方面付出了大量艱辛的努力，進行了許多開創性的探索和實踐，圓滿完成了這次編撰任務。叢書編撰秉承傳播和弘揚吉林文化的理念，梳理總結吉林文化資源，提煉昇華吉林文化精髓，激發增強吉林人的文化自覺、文化自信，使優秀文化更好地服務於吉林的發展振興。

《文化吉林》內涵豐富，圖文並茂，辭美情摯，引人入勝，是人們認識吉林、瞭解吉林、研究吉林的概覽長卷，是吉林文化走向全國，面向國際的真誠心聲。叢書真實勾勒了吉林文化歲月滄桑的歷史縱深，生動展現了吉林文化多姿多彩的時代律動，帶我們走進吉林地域文化演進的舞臺，親身感受風雲激蕩的文化事件，出類拔萃的文化人物，領略淵深源遠的文化景觀，妙趣橫生的文化傳說，體驗琳琅紛呈的文化產品，淳樸濃郁的文化民俗。叢書將吉林文化的發展脈絡、現狀和未來，客觀詳盡地展現給廣大讀者，是一部能夠讀得進去、傳播開來、傳承下去的佳作精品。

　　鑒往以勵志，展卷當奮發。《文化吉林》這套融史料性、知識性、可讀性於一體的叢書，為我們進一步保護、研究、開發吉林地域特色文化提供了重要史料資源。作為後繼者，當代吉林人有責任、有義務肩負起將吉林文化充分融入社會主義核心價值觀，推動吉林文化發展進步的歷史使命，讓優秀傳統文化在繼承中創新，在創新中前行，在全國文化發展大格局中唱響吉林「聲音」，打造吉林文化品牌，樹立文化吉林形象。

第三章·文化名人

第四章·文化景址

第五章・文化產品

第一章 ──

文化發展概述

　　通榆，科爾沁大草原邊陲上古老而又年輕的塞外小城，她因草原而美麗，鶴居而靈秀，文化而流芳。

　　在這塊鐘靈毓秀的土地上，有新石器時期的文化遺址敖包山，有首批列入《國際重要濕地名錄》的向海自然保護區、有亞洲面積最大的興隆山天然蒙古黃榆林、有全國最大的風力發電廠、有全省面積最大的包拉溫都野生杏樹林，是「國家級生態功能區」、國家主體功能區建設試點示範縣、全國綠色生態旅遊縣，還是國家文化部命名的「中國現代民間繪畫畫鄉」……

▲ 吉林省通榆縣區點陣圖。通榆位於吉林省西部，白城市西南部，科爾沁草原東陲，東經
　120°02'-123°30'，北緯44°12'-45°16'之間。通榆地勢平坦，海拔高低差僅40
　米。屬中溫帶半乾旱大陸性季風氣候，土壤以淡黑鈣土、沙土為主。

通榆，又被譽為鶴鄉，位於吉林省西部，科爾沁草原東陲，隸屬白城市。全縣面積八四九六平方公里，人口三十六點四萬。轄八個鎮、八個鄉、六個國有畜牧（林）場、一七二個行政村，一個省級經濟開發區。這裡因草原而美麗，鶴居而靈秀，文化而流芳。

在這塊鐘靈毓秀的土地上，有新石器時期的文化遺址敖包山，有首批列入《國際重要濕地名錄》的向海自然保護區，有亞洲面積最大的興隆山天然蒙古黃榆林，有全國最大的風力發電廠，有全省面積最大的包拉溫都野生杏樹林，她是「國家級生態功能區」、國家主體功能區建設試點示範縣、全國綠色生態旅遊縣，還是國家文化部命名的「中國現代民間繪畫畫鄉」……

回眸歷史，這裡的文明從遠古走來。走進她，布滿人類發展足跡與深藏文明奧秘的霍林河古道將會為你掀開一段鮮為人知的人類塞外文明發展史。

作為紅山文化的分布區，早在五千多年前，生活在這塊古老土地上的先民們便用生命與智慧，開始創造屬於自己的文明。生活在這裡的東胡、鮮卑、契丹等民族依傍著霍林河、額木太河（支流）、文牛格尺河三條河流，開始從事採摘、捕撈、狩獵等活動，並逐漸形成了具有民族象徵性的游牧生活。

元、明、清時期，這裡以蒙古族、滿族和漢族人居多。相傳，一七八四年，乾隆微服私訪曾下榻於此，親書賜匾於香海寺，並留下了「雲飛鶴舞，綠

▲ 通榆鶴城廣場

野仙蹤。福興聖地，瑞鼓祥鐘」的佳句。風雲變幻間，皇族顯貴的權位之爭，平民布衣的安居之夢，在朝代的更替中共同書寫著屬於科爾沁的不朽傳奇。

　　散落在通榆境內的一八二處文物遺址，讓人在重溫那歷久彌新的遠古文化、王侯文化、農耕文化、碑刻文化、建築文化、草原文化間，感嘆著這塊土地上那悠遠深邃的文明與歷史。

　　新中國成立以來，具有地域特色的通榆戲劇、年畫、剪紙、文學、競技體育等快速發展。

　　上世紀六〇至八〇年代，縣劇團的《桃李梅》《燕青賣線》等吉劇經典曲目在內蒙古、黑龍江等多地巡演，掀起了吉劇熱潮；以劉長恩、安學貴、姜貴恆、劉佩珩等為代表的年畫鄉土作家，讓通榆年畫成為了享譽全國的地域文化標識，成就了通榆「中國現代民間繪畫畫鄉」的美譽。與此同時，昭示著通榆精神的競技體育在這片熱土上迅速發展。一九八八年，通榆被省體委命名為「中長跑人才訓練基地」。一九九〇年，在第十一屆亞洲運動會上，通榆運動員王萍與隊友密切配合，獲得了四乘一〇〇米接力金牌，創造了新的亞洲紀錄。

　　新世紀開啟了文化發展的新紀元，豐厚的文化積澱讓通榆在時代的舞台上更是備受矚目。

　　「美在天然，貴在原始」的向海濕地風光，美麗了中國，驚豔了世界。早在一九九二年的全球環境首腦會議上，中央領導帶去的電視風光片《家在向海》，在國際友人的驚嘆聲中揭開了向海神祕的面紗，從此，在鮮活與定格間，人們對這裡情有獨鍾。以向海為主景地拍攝的影視劇相繼在央視熱播，其中，電視劇《永遠的田野》獲中宣部「五個一工程」獎，《我的土地我的家》榮獲中國第二十九屆電視劇「飛天獎」一等獎。二〇一三年，向海自然保護區摘得中央電視台大型公益活動「美麗中國‧魅力濕地」特別關注獎。

　　全民學習與志願服務活動成為引領通榆文明的新時尚。農民自學組織的經驗做法被列入中宣部宣傳思想工作典型案例庫，這在通榆縣乃至白城市的宣傳

思想文化工作歷史上均屬首次；全國民族團結進步模範個人張樹森的「小小報吧」變成了全國聞名的「大課堂」；環境志願者萬平將流動的沙丘化作美麗綠洲，榮獲首屆迪亞吉歐夢想助力金和白城市十佳志願者榮譽稱號。在「生態經濟景觀」理念的引導下，城鄉聯動的「道德模範」「創業先鋒」「手牽手家園行動」「誠信商家、行業典範、孝慈之星」評選等系列活動，使社會主義核心價值觀進一步深入人心，並植根於鶴鄉大地。

▲ 墨寶園廣場

　　文學藝術精品層出不窮，如朵朵異域奇葩競相綻放。以《鶴鄉百年通榆》文集、《向海湖，或星象之書》詩集、《西荒》長篇小說、《天姿向海》攝影集、《中華英傑》剪紙集、《通榆年畫記憶》《通榆文化》等為代表的文學藝術佳作盡展草原文化的獨特與幽香；二人轉、吉劇、話劇、小品等以其濃厚的地域特色備受推崇，其中，二人轉《喜蓮》將火辣辣的關東情帶入首都人民大會堂，大型反腐倡廉話劇《傲雪紅梅》榮獲全省廉政文化「五個一」精品創作工程廉政曲藝類編劇一等獎，在多個省市展演並被編排為吉劇。還有石雕、篆刻、蛋雕、繪畫等十二項世代相傳的古老技藝，已被鐫刻在中華民族省級非物質文化遺產名錄那永不褪色的歷史長卷中。

豐厚的文化滋養，使通榆群眾文化亮點紛呈。從初春的杏花節到臘月的冬捕日，在「中國・向海」「墨寶園」系列生態文化旅遊品牌活動中群眾文化精彩亮相，無論是城市的廣場社區還是農家的大院書屋，勁歌熱舞、書畫競技好戲連台。草根圓夢的「風之聲」廣場文化周、網路歌手評選、才藝大賽、書畫展覽、全民健身運動會等，從一個個側面印證了群眾文化的發展與繁榮，讓紅紅火火的通榆群眾文化走在了全市群眾文化的前列。競技賽場也佳音頻傳。二〇一三年，通榆縣運動員徐志航，相繼在全國少年田徑錦標賽暨世界少年田徑

▲ 丹頂鶴的故鄉──向海

錦標賽選拔賽、全國青年田徑錦標賽的男子四○○米比賽中兩次奪金。

　　群眾文化豐富多彩，公共文化服務體系遍及城鄉。截至目前，通榆已建設完成鄉鎮文化站十六個、社區文化活動中心五個、農家書屋一七二個、農村文化大院一七二個，行政村建設率達百分之一百。建成流動圖書室（站）二十個，圖書館電子閱覽室一座。建成農民體育建設工程三十五個、健身路徑十二條，新型公共體育場一座、室外燈光籃球場一座。電視村村通實現全覆蓋，讓人們在優質的文化服務中感受生活的無限精彩。

魅力四射的通榆文化,讓更多關注的目光在這裡聚焦。紀念郭沫若誕辰一二〇週年全國書法邀請展、第五屆全國青少年書法美術大賽兒童組獲獎作品展、廣東新印象文化藝術研究院院長趙健個人書法展相繼在通榆舉行;中國教育電視台一頻道《水墨丹青》欄目組織開展的「美麗中國文化魅力展播節目」、詩詞名家眼中的通榆暨關東詩陣二〇一三年會等活動紛紛做客通榆。楊進祿、王滿利、張大川等數十位著名書畫家和唐憲強、張福有等著名詩人百餘人齊聚通榆,使得風生水起的鶴鄉小城人氣倍增。

在文化事業的助推下,文化產業快速發展。通榆充分利用「一方園林、十數非遺、百處古蹟、千里草原、萬頃濕地」等獨特的人文與自然資源,努力促進文化與旅遊共融與經濟共建。將文化產業發展作為推動產業結構調整、轉變經濟發展方式的重要著力點,通過整合縣內非遺文化資源,以項目帶動、文化助陣、產業支撐的方式,快速構建起通榆文化產業發展的結構框架。截至目前,全縣共有文化經營單位九十家,涉及出版印刷、圖書音像、信息網路、休閒娛樂、廣告裝裱、文化旅遊、藝術培訓等多個門類。以墨寶園為代表的通榆文化產業發展優勢日趨明顯。其創建的「墨寶園」文化品牌在省內外具有一定知名度和影響力,其中,年畫、石雕、剪紙、根雕等特色地域產品不僅走俏國內市場,而且已經開闢出固定的國際銷售渠道。與此同時,墨寶園正積極鏈接起國內外更多高端文化資源,已先後成為北京大學、長春工業大學、台灣文化藝術聯合會等十多家單位的創作基地或示範園區,為通榆文化與經濟發展搭建更加廣闊的平台。目前,已有十四家企業入駐墨寶園。園內的「歷代書法名家二十星宿雕像」入選為全國中小學義務教育階段書法教材封底插圖。此外,墨寶園的傳媒公司與澳亞衛視合作製播《中華文化》欄目,內容涵蓋全球二十個國家和地區的中華文化名家訪談與中國二十二朝古都文化巡覽,使墨寶園國際化的形象更加凸顯。

站在全新的歷史起點上,通榆將以人為本,生態為根,城市為支撐,經濟為核心,加快以「生態經濟景觀」理念建設「生態經濟城市」,確立生態文化

主導地位，大力發展文化產業，培育壯大骨幹企業規模，不斷提高集約化經營水平，加強文化產業園區和基地布局的統籌規劃，積極建立文化產品電子商務平台。整體打造東、西兩大文化商圈，即以縣城內的墨寶園為中心，以「低」起點，「高」鏈接的發展模式，在形成以書法、繪畫、剪紙、雕刻等系列地域特色文化產品為主產業的同時，依託墨寶園開展全國乃至世界性書法、文化交流活動，傾力打造國際級書法文化集散地，形成極具延伸性和擴張性的文化產業商圈；以向海為中心，以興隆山黃榆林、包拉溫都濕地公園、丹江濕地、向海生態植物園等四季旅遊項目為內容的「中國‧向海」品牌生態旅遊文化商圈，實現「一座城市，兩個中心，大跨度，全輻射」的文化發展新格局。努力將通榆打造成國內外書法文化交流的高地、文化旅遊的聖地、文化產業蓬勃興旺的寶地。

第二章

文化事件

歷經滄海，獨秀一方的鶴鄉通榆本身就是一部歷史悠久、文化厚重的書：有代表性的文化事件，彰顯了地域文化的底蘊和品味，它承載了歷史的卓越創造，它昭示著未來的輝煌夢想，它催人向上，讓人為之驕傲和自豪，在拂塵展讀的瞬間，一束文化的光芒照亮了明天！

金馬牌飾的出土

漢唐以來，中華盛世，民族興旺，通榆處在文化待興時代，境內居住的是鮮卑和契丹人，從而也遺存下了很多具有民族象徵性的珍貴文物。

一九八六年六月，在新華鄉桑樹村後桑屯的漢代鮮卑墓葬中，就出土了一件極為罕見的歷史文物——金馬牌飾。

金馬牌飾：牌飾系範鑄，正面凸出，背面凹進，身長五點二釐米、高二點七釐米，重十四點三克。馬呈俯臥狀，頭垂尾翹，雙膝盤曲，兩足相交。造型精美別緻，栩栩如生，熠熠發光（見圖）。據有關人員初步鑑定，這件金馬牌飾含金量達百分之九十以上，似為漢代鮮卑貴族遺物，係稀世珍寶。它不僅充分展示了古代精湛的工藝和鮮明的民族特色，更是對當時的鮮卑族「其富以馬，其強以兵」族諺的最好印證。金馬牌飾的出土對於研究鮮卑族在這個地區的生活、游牧與文化有很重要的價值，古老的通榆文化也因此又上升了一個高度。

▲ 金馬牌飾

▌新發公主陵遺址的挖掘

　　雪飛大荒之地，風起內蒙古高原。望天穹，蒼茫一色，多少遠古幽夢如雲飄散。正是：生前顯赫高貴，死後化土成灰。姻親只為帝業，訪古探幽是誰？

　　一九八二年六月，吉林省文物工作隊會同白城地區文管會、通榆縣文化局在通榆縣興隆山鄉新發屯清理了一座受到嚴重破壞的清代公主墓——通榆新發公主陵。這座公主陵遺址位於通榆縣興隆山鎮林盛村新發屯東北五百米的濕地上。據考證，此公主陵遺址為康熙皇帝撫弟恭親王常寧之女，於康熙二十九年（1690 年），下嫁蒙古科爾沁左翼中旗多羅郡王奇塔特之孫班弟，初封和碩公主，雍正元年進封固倫公主。死於乾隆六年（1741 年）十二月，享年七十歲。

　　此墓當地民眾稱之為公主陵。據當地老鄉講，陵墓四周原有圍牆，解放前

▲ 公主陵出土部分金器

就已坍塌，現頹圮殆盡，僅存殘廊，長九十米，寬四十米，後部享殿五間，享殿前有東西配殿，陵園北面四十四米處有守墓房址一幢三間。墓位於享殿之下，因被毀嚴重，所以當時文物考古工作隊對其進行清理時墓中未見墓誌，也不明所葬者是誰。後清理者根據墓中出土的康熙、雍正、乾隆年號的銅錢，判斷這位公主下葬的時間可能在乾隆或嘉慶年間，又據此墓地過去曾是科爾沁左翼中旗的領地，進一步推測可能是以下三位公主：一、固倫純禧公主，二、和碩淑慎公主，三、固倫和敬公主。此墓墓主為棺葬，棺中女屍仰身直肢，頭戴金製冠具，橫枕金元寶，身著幾層絲織品衣物，顯示出墓主的高貴身分。陪葬

▲ 興隆山鎮新發公主陵遺址

品多達二六五件，多為珍貴物品，如：以極細之金絲編製之孔雀、背鑲東珠、金龍簪、松竹梅簪、寶石金簪、金鳳飾插、金花飾插、金龍飾插、金萬字簪、金雲形簪、金卷雲簪、金龍飾、金壽字插花、金雲紋帶穿飾（8 件）、金葵花飾、金花壽字飾、金蝙蝠壽字飾、金心形錢紋飾、金心形絲飾、金絲蓮花飾、

金銀戒指、銅碗、銅盅、銅燭台、銅煙鍋、銀錠、銅錢、串珠（62 顆，綠松石、琥珀、瑪瑙製成）、玉石鳳、玉石雙龍壽字佩、玉石茄形飾（5 件）、寶石（10 件）、雜寶石（26 件）、珍珠耳飾（3 件）、珍珠（43 顆）、象牙筷、袍服（綾緞內衣、外服多種，有龍、花圖案）等等[1]。

這些隨葬品之金銀珠寶及服飾之龍形圖案，既是這位公主出身皇家的高貴身分的象徵，也表明其生前生活之富貴奢華。而諸如龍鳳形、蝙蝠壽字等金飾及銀簪上所鐫「千金如意」等字，則又透露著這些物件的內地漢文化色彩。再結合墓文的棺材屍葬形式，都說明當時這位葬於內蒙古的滿族公主，實行的是漢族葬制習俗。

據杜家驥教授判斷，此墓可能是固倫純禧公主之墓。因為固倫和敬公主之墓不在此處，而在北京東郊，另一衣冠塚在今吉林省懷德縣之公主陵，所以可以將和敬公主排除。另外該墓之享殿五間，規格較高，乃親王墓葬規制，固倫公主身分大致相當於親王，可享有這種墓制，和碩公主大致相當於郡王，所以，墓主為固倫純禧公主的可能性比和碩淑慎公主的可能性大。

1　吉林省文物工作隊，白城地區文管會，通榆縣文化局著《吉林通榆興隆山清代公主墓》，刊於《文物》一九八四年11期。

「香海寺」復建

香海寺，位於吉林省通榆縣向海鄉境內，清順治六年（1649年）建成，迄今已有三百餘年歷史。三百多年來，香海寺曾幾易其名，歷經風雨，成為吉林省歷史上重要的廟宇建築。

歷史上，向海一帶是蒙古族聚集之地。蒙古族傳統上普遍信仰藏傳佛教。清順治六年，瑞安活佛雲游至此，見這裡山清水秀，就選址在向海湖西塔甸子建起了一座青磚灰瓦的寺廟，名為「青海廟」。寺廟分三層，高十二米，青磚木石結構。一層誦經，二層供佛，三層藏一幅奇特的人牛畫像永不與常人見面。寺以紅色為基調，配以黃、藍、白色，莊嚴古樸。其建築工藝、雕繪水準與北京雍和宮相仿，是藏傳佛教在東北的名剎之一。寺廟占地九十九畝，圍牆高六尺，院門兩側有鐘鼓二樓。院內有七株大榆樹，至今仍然枝繁葉茂。

相傳，一七八四年，乾隆帶著劉墉、和珅等三十四人前往長白山探祖尋根，途經向海，下榻青海廟。乾隆見「青海廟」的「青」字比「大清帝國」的「清」字少了三點水，好似削去了「大清帝國」的半壁江山，於是找來住持，重命廟名，改為「福興寺」，並親筆書寫匾額和楹聯，留下「雲飛鶴舞，綠野仙蹤。福興聖地，瑞鼓祥鐘」碑文。因當地無山無石，便以木代石刻成碑。由於木碑禁不住風雨，加之關東塞外，地廣人稀，識得碑文的人寥寥無幾，如今木碑已不知去向，只有北京雍和宮《福興寺志》還留有這段記錄。此後，福興寺香火漸旺，福興寺開始聲名遠播。一九二八年西藏布達拉宮五世格達活佛來寺傳經說法，匯聚喇嘛一〇八〇人，前來聽經受法者絡繹不絕，後又得名「香海寺」。

一九三七年三月，原國家領導人烏蘭夫的兩個兒子——布赫和烏可力因躲避追殺曾在香海寺祕密住過一年。一九四四年冬，十二歲的烏可力去蘇聯路過向海，又在香海寺住過一夜。一九九八年，烏可力重訪香海寺，還找到他當年

拴馬的那棵老榆樹。

隨著抗日戰爭的烽火燃遍東北，一九四五年前後，香海寺成了軍營和難民營。一九四六年，通榆解放，設立向海區，又更名「向海廟」。此時的向海廟已成為無主的空廟，當時的一百垧地、一百頭牛、六十餘石糧米的廟產全歸農會。廟的一樓被用做小學校，二三樓廢棄不用。

「文化大革命」開始後，小學校從寺裡遷出，一樓做了供銷社的營業室，二三樓做了辦公室和小倉庫。一九七二年「向海廟」在「破四舊」的聲浪中被徹底毀掉。

一九九四年，為落實民族宗教政策，通榆縣指派專人進京向國家宗教事務委員會匯報，請求修復向海廟的意願得到批准。時任中國佛教協會主席的趙樸初先生親自題寫寺名「香海寺」，並欣然賦詩一首：修廟拆廟是何年？聽來已覺不新鮮！吉祥盛世重規劃，翹首待成又一觀。

▲ 香海寺

▌圖什業圖親王敖包復建

　　「科爾沁」即敏捷、銳利或佩帶弓箭者之意。敖包作為科爾沁草原標誌性的建築物，是蒙古民族祭山神、路神和祈禱豐收、家人幸福平安的象徵。敖包文化展示了蒙古民族文化遺存，是珍貴的人類草原文化精髓。

　　坐落於吉林省西部、與內蒙古科爾沁右翼中旗毗鄰的通榆縣敖包屯南搏格

▲ 圖什業圖親王敖包複建落成慶典儀式（張雪林　提供）

達召（聖坨子）上的古代敖包，係科爾沁和碩圖什業圖親王歷代祭祀的敖包，至今已有近四百年的歷史。一六三六年，清太宗皇太極登基，改元崇德，在分敘蒙古王公戰功時，賜封科爾沁國圖什業圖汗奧巴的長子巴達禮為和碩圖什業圖親王，掌右翼五旗事。圖什業圖親王爵位之高、俸祿之厚，在清朝的蒙古王公中絕無僅有，足見該敖包在科爾沁草原的顯赫地位。敖包由於年久失修，僅存遺址。

為搶救、發掘、傳承和弘揚科爾沁草原蒙古族民俗文化，豐富和活躍廣大農牧民的文化生活，促進旅遊事業的發展，出生在通榆縣敖包屯的喜著（原烏蘭浩特市委書記），不顧八十高齡，帶領額爾敦（原興安盟科右前旗委書記）、寶山（興安盟工商行幹部），於二〇一二年四月，回到家鄉來協商復建敖包事宜，得到了中共通榆縣委、縣政府的高度重視和大力支持。喜著籌資五萬元，於二〇一二年七月二十三日在同發牧場動工修復科爾沁和碩圖什業圖親王敖包，七月三十日竣工建成。同年十月二十日，舉行科爾沁圖什業圖親王敖包復建落成慶典儀式，並成立了通榆縣敖包協會。

圖什業圖親王敖包背依霍林河，面向大草原，雄踞高崗，有俯視科爾沁大草原、縱覽八百里瀚海的氣勢，成為蒙漢民族虔誠信眾祭拜的聖地。

小說《開不敗的花朵》的出版

　　《開不敗的花朵》是馬加[1]創作的中篇小說。小說以科爾沁草原為背景，描寫瞭解放戰爭時期一支幹部隊伍在途經瞻榆縣(即通榆縣瞻榆鎮)時同土匪進行的一場遭遇戰，歌頌了革命幹部王耀東的優秀品質。小說曾先後再版十四次，被譯成英、德、日、蒙四種文字出版。作品有鮮明的地方色彩、濃郁的鄉土氣息和純熟的群眾語言，具有獨特的藝術風格，是通榆建縣以來第一部革命題材的文學作品。

▲ 《開不敗的花朵》

　　在一九四五年抗戰勝利後，黨中央派遣大批幹部奔赴東北，開展革命鬥爭，鞏固革命成果。作者馬加同妻子申蔚等人，於一九四六年五月，由延安出發，經張家口、承德、赤峰、通遼前往哈爾濱。但是，他們到了通遼後，方知四平失守，要去北邊必須通過科爾沁草原。當他們與同行的曹志學團長、王耀東副團長等路過草原上的三家子村時，同一支國民黨叛匪發生了戰鬥，王耀東副團長血染綠草，英勇犧牲。革命者

1　馬加，原名白永豐，又名白曉光，滿族，遼寧新民人。中共黨員。肄業於東北大學。「九一八」事變後流亡北平，從事文學寫作，參加左聯、抗日救亡工作，主編《文學導報》。延安陝北公學畢業後，到邊區文協工作，隨八路軍戰鬥、採訪。一九四二年回延安從事專業創作，一九四六年在東北文協從事專業創作，主編《文學戰線》。一九四九年後歷任東北作協主席，遼寧省作協、文聯主席，省作協名譽主席，中國作協名譽委員，中國文聯榮譽委員，遼寧省政協常委，中共遼寧省委委員，中共十二大代表。一九二八年開始發表作品。著有長篇小說《江山村十日》《紅色的果實》《北國風雲錄》《血映關山》《在祖國的東方》《滹沱河流域》《登基前後》，中篇小説《開不敗的花朵》等，另有《馬加散文選》《馬加文集》。作品分獲遼寧省優秀文學作品一等獎、首屆滿族文學獎、首屆東北文學獎榮譽獎。

的悲壯事蹟，深深感染著身臨其境目睹烈士風采的作者，他滿懷敬意和激情，寫出了這部小說。

瞻榆縣三家子是王耀東烈士犧牲地，曾經的瞻榆鎮耀東鄉就是以他的名字命名的，因此，小說中王耀東的形象刻畫得尤為生動。他是一個有長期革命經歷的老幹部，樸實真摯，平易近人，和藹可親，但對同志及自己的警衛員卻要求嚴格，而又關懷備至。發了新衣服，自己捨不得、也不願穿，卻送給有困難的同志穿。他愛憎分明、階級覺悟極高，對一切反動派恨之入骨，對苦難的人們卻愛護備至；對一心向著共產黨的那申烏吉是那樣關心、喜歡；對革命、對未來充滿著堅定的信心，樂觀無比；對祖國、對美麗的家鄉充滿著真摯的愛，堅定不移。在同叛匪的鬥爭中，他是那樣的從容鎮定，勇敢果斷，指揮自如。他極富於自我犧牲的精神，堅決要求承擔突擊隊指揮者的任務，他深知這一任務的危險艱難，卻義不容辭地承擔起來。

這部小說，用濃郁的鄉土氣息和鮮明的地方特色，為讀者呈現出一種灑脫自然的樸素美。

作家以詩情畫意的筆觸，以洗鍊明快的語言，盡情地描繪出東科爾沁大草原特有的景色：「五月梢，在內蒙古草原上，到處都是開不敗的花朵。這裡是東科爾沁中旗大草原，一望無邊。響晴的天頭，天空瓦藍瓦藍的，連一絲一掛的雲彩也沒有，燕子在天空飛著，鵝鸝唱著歌。地上是一片嶄新嬌綠的草色。在草稞子裡，開放了藍色的馬蘭花、粉色的喇叭花、小瓣的貓眼睛花、素淡的野菊花。風吹過來，簇簇的五花雜草全在點頭哈腰，車轆轆菜尖又尖，狼尾巴草挑起了小旗。」

小說一開頭就把讀者帶進這美麗的境界之中，內蒙古草原蒼茫無際、空闊明麗、花草相映、千姿百態、生機盎然的特點，頓使讀者心曠神怡，甚至陷入無邊的遐想之中。作者讓他所描寫的悲壯的故事，就發生在這些開不敗的花朵之中。而且隨著故事的發展，作者不時地描寫既相同而又有差異的草原景色和風情，就連王耀東在承擔起突擊隊指揮者的任務，馬上要衝向敵人時，作者

▲ 《開不敗的花朵》連環畫

還通過他深情的雙眼，來觀察草原的美景：「王耀東說到這裡，抬起了頭不由得往沙坨子下面望望。四外全是平坦遼闊的大草地，下過雨之後，更顯得嬌綠確青。尖尖的草梢，肥肥的葉子，稠稠的草稞捧著紅色的花朵、黃色的花朵、藍色的花朵。他是怎樣希罕這些花朵啊！」

小說抒發了革命者對瞻榆深深的熱愛和不怕犧牲的奉獻情懷，一曲曲悲壯的旋律在瞻榆大地奏響，一曲曲壯美的凱歌迴蕩在向海湖畔，一朵朵開不敗的生命之花讓這片土地更加美麗、絢爛！

一九五九年，通榆縣評劇團將其改編為評劇在全區內巡迴演出三十多場次，在縣內演出一百多場次，成為當時全區最受歡迎的劇目，使得劇中的主人公革命幹部王耀東形象深入人心。在這期間《開不敗的花朵》被創編成連環畫冊出版發行，直至今天仍廣受讀者喜愛。

▍《通榆文化》編撰出版

隨著通榆縣關於文化強縣的方針有效貫徹執行，通榆縣的全方位建設逐步實施，適時打造良好的文化軟環境被縣委高度重視。為更好地讓外界認識通榆、瞭解通榆，有必要推出一部推介通榆、影響通榆的全方位詳細介紹通榆的著作。為此，通榆縣委於二〇一一年初決定，由縣人大常委會副主任、文化促進會會長范士金[1]具體負責籌備、組織、編撰工作。

二〇一一年初開始，文化促進會先後對通榆縣相鄰縣市做了重點考察，對比通榆縣文化與周邊縣市文化的異同，為摸清、歸納、整理通榆縣文化打好基礎。又經過 20 餘次對通榆縣文物、遺址、遺跡、遺存、風俗等方面的實地勘察，為撰寫本書做好基礎工作，並正式向縣委、縣政府提交了專題報告。經由縣委、縣政府同意，開始籌備編撰《通榆文化》。

二〇一一年末，通榆縣委、縣政府把《通榆文化》列為二〇一二年六十六項重點工作，並由主管副縣長主持召開《通榆文化》編撰啟動大會，成立編撰委員會。民政局提供辦公場地設施，教育局專門抽調二名編輯人員，財政局提供編撰資金，二〇一二年正式進入本書的編撰階段。在編撰過程中，編撰委員會得到了財政局、民政局、教育局、住建局、人事局、文化局、旅遊局、統計局、地方志、機關事務管理局、宗教辦公室、各鄉鎮（場）黨委等相關部門在

---

1 范士金，一九五四年二月生，吉林省通榆縣人，大學學歷，歷任通榆縣農林系統團委書記、林業局黨委副書記、新華鄉黨委書記、城鄉建設局局長、民政局局長、通榆縣慈善總會會長、通榆縣人大常委會副主任。現任通榆縣文化產業發展促進會會長，通榆縣作家協會主席。工作之餘愛好詩詞、書法，曾出版詩集《有這樣一片草原》，另有近百首詩詞見諸各級報刊。其論文《建立救災救濟百戶觀察點，實現救災救濟工作新突破》榮獲民政部首批民政理論研究成果三等獎，《小城鎮建設的管理辦法及原則》在《中國建設報》刊發。在職工作期間曾先後受到國家農業部、國家建設部、國家民政部及省委、省政府表彰。二〇一三年，主編的通榆歷史上第一次詳盡記述和整理通榆本地文化的叢書《通榆文化》一書正式出版。

人員、資金、資料、照片等方面的大力支持。先後閱讀整理資料達三三〇餘萬字，蒐集照片一八〇〇餘幅，聘請了五位編撰顧問、八位專家專門負責本書的指導、執筆、美術設計、攝影、資料核實、校對等方面工作。每撰寫完一章，就先送交相關業務部門審核，再送交編委會主任、副主任、顧問、有關專家進行審閱，並根據反饋的意見和建議做了細緻的修改。在此期間，由通榆縣委宣傳部長薛豐剛組織專門的編撰調度會議二次，深入鄉鎮指導撰寫工作二十餘次，先後召開有市、縣專家和宣傳部領導參與的大規模校對會議五次，由教育局組織十三名業務骨幹和業務領導組成的最終校對會議一次。在最後排版階段，又專門聘請原市委黨校副校長、省內知名文化學者劉殿芳先後十多次來通榆進行美術指導，確定了本書的風格和圖文布局。

▲ 《通榆文化》（殷宏偉　攝）

截至二〇一三年十月十日，《通榆文化》一書的文字稿、校對、攝影、排版全部完成。到編撰完成時，先後參與到此項工作中來的各級領導、顧問、專家、執筆、攝影、信息採集和整理、編輯、校改、協調等人員共一五七人，涉及相關部門和各鄉鎮（場）四十多個，最終形成共計十三章、一九三〇〇〇字、四百餘幅照片的定版文稿。本書以文物、遺址為實物，以考古學斷代為依據分別記述了通榆縣從新石器時期、遼金時期、元明清時期、近現代時期共四個歷史階段的文化發展歷程。二〇一三年十一月交由吉林人民出版社印製完成。

《通榆文化》的編撰出版讓世人聞到了通榆遠古文化的墨香，看到了通榆近代文化的璀璨和現代文化的繁榮與發展。

二〇〇五年國家郵政局發行《向海自然保護區》特種郵票

　　向海自然保護區位於吉林通榆縣城西北六十多公里處，總面積一千多平方公里。在吉林素有「東有長白，西有向海」之說，向海以其獨特秀美的塞外草原風光飲譽中外，一九八六年被國務院批准為國家級自然保護區，一九九二年列入「國際重要濕地名錄」，同年被國際野生生物基金會評為「具有國際意義的A級自然保護區」，一九九三年被納入生物圈保護區網路。保護區共有植物近六百種，其中藥用植物二百多種；鳥類近三百種，其中鶴類就有六種。國家重點保護的三三五種野生動物中向海就有五十二種，其中有一級動物十種：大鴇、東方白鶴、黑鶴、丹頂鶴、白鶴、白頭鶴、金雕、白肩雕、白尾海雕、虎頭海雕；有二級動物四十二種。向海是大自然的珍品，是鳥類的天堂，是科研、科普基地，也是旅遊觀光勝地。

　　為發展旅遊產業，把通榆建設成生態旅遊縣，通榆縣委縣政府充分利用特有的生態環境和豐富的旅遊資源，大力發展濕地生態旅遊業，努力把通榆建設成為生態環保旅遊景區。在突出特色、調整結構、創建名牌上下功夫，把通榆旅遊業搞活、搞大，打造濕地向海旅遊名片，進一步向世人展示通榆風貌，讓世界瞭解通榆，讓通榆走向世界。二〇〇五年，經通榆縣人民政府申請，由國家郵政局獲准，著名畫家、書籍裝幀藝術家黃華強親自操刀，設計《向海自然保護區》特種郵票。動筆之前，黃華強專程來到向海，親身體驗生活。濕地向海秀麗俊美的塞外自然風光深深打動了他，蒼莽遒勁的蒙古黃榆、空明澄澈的湖泊、蘆花飄蕩的葦塘以及一望無垠的草原感染了他。於是，他用清新明快的丙烯畫，以珍稀動物為焦點，描繪了榆林湖畔草原風光，以此表現濕地五個類型（湖泊、河流、沼澤、沿海灘塗和人工）中水域之系統類型，設計完成了這套《向海自然保護區》特種郵票。

為了讓更多的人對通榆這片古老神奇的土地有進一步的瞭解，能親身走進這片神奇的土地，感受美在天然、貴在原始的自然景觀，讓中國乃至世界瞭解通榆、認識通榆，提高通榆知名度，二〇〇五年七月七日上午十時，由吉林省郵政局、省旅遊局、省林業廳、省文化廳、省委外宣辦、中共白城市委、白城市人民政府共同主辦的中國·白城《向海自然保護區》特種郵票首發式暨濕地鶴鄉文化旅遊節新聞發布會在吉林省長白山賓館隆重舉行；二〇〇五年七月十二日上午十時，又在北京國際飯店舉行了中國·通榆向海《向海自然保護區》特種郵票首發式暨濕地鶴鄉文化旅遊節新聞發布會。時任白城市市長房俐、副市長祝慶瑞、白城市委宣傳部、市旅遊局、市郵政局、市文化局、向海自然保護區的負責同志參加會議。新華社、人民日報、光明日報、經濟日報、中央人民廣播電台、香港文匯報、香港大公報、吉林日報、吉林人民廣播電台、吉林電視台等近三十家媒體參加了新聞發布會，聲勢之大前所未有。

　　向海濕地的四季有著不同的特點，美麗而多彩。四枚郵票分別用四種色調：黃與綠相間象徵著春天；藍天、白雲、綠草代表著夏天；天、地、樹一片

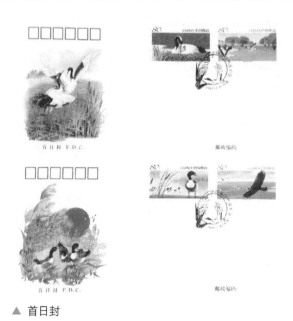

▲ 首日封

金黃反映出了深秋的景色；而棕灰色調顯現一派初冬寒冷氣氛。四枚郵票的內容分別為：丹頂鶴與蒲草葦蕩結合；東方白鸛與沙丘榆樹做伴；翹鼻麻鴨與湖泊水域成組；金雕翱翔在草原上空。郵票既充分表現了向海保護區的四個典型地域特點，又展示了向海水禽的優美形象，表現了動植物和諧共處的寧靜之美。

《向海自然保護區》特種郵票共一套四枚。郵票規格：五十乘三十毫米；齒孔度數：十三乘十二點五度；整張枚數：八枚；整張規格：一九二乘一四六毫米；版別：影寫；防偽方式：防偽紙張、防偽油墨、螢光噴碼；設計者：黃華強；第三圖原照片攝影者：李連山；責任編輯：虞平；印製廠：北京郵票廠；出售辦法：由國家郵政局定於二〇〇五年七月三十日起，在全國各地郵局出售，出售期限六個月；志號：2005-15。

圖序	圖名	面值	發行量（版式一）
（4-1）T	珍禽	80分	1200萬枚
（4-2）T	榆林	80分	1100萬枚
（4-3）T	湖畔	80分	1100萬枚
（4-4）T	草原	80分	1090萬枚

▲ 向海自然保護區特種郵票

闖關東年畫走入世博會

馮驥才先生說：「闖關東年畫肯定是一個尚未開發的文化富礦……儘管這隻大鳥已經遠去，消隱在逝去的時光裡。我想，我們一定會掇拾它所有遺落的羽毛，在時光隧道中描繪出它往日的影像。」

醃酸菜、蒸豆包、熱炕頭、大姑娘叼個大煙袋……這些東北傳統民俗，隨著社會的變遷，已變成一些人的美好回憶，而通榆闖關東年畫卻恰恰傳承了這些寶貴的傳統民俗。

二○一○年六月，「通榆縣闖關東年畫」作為省級優秀非物質文化遺產，由「通榆縣闖關東年畫」傳承人之一的高靜帶著三十八件作品應邀參加上海世博會，這也是這項優秀的傳統技藝在國際博覽會上的首次亮相。

▲ 高靜在世博會上與國外遊客合影（王琨　攝）

▲ 通榆闖關東年畫入選世博會

在「吉林活動周」展覽期間,位於中國元素活動區僅二十多平方米的「通榆縣闖關東年畫」展台裡,參觀的人絡繹不絕,雖然膚色和語言不同,但人們都為作者的精湛技藝嘖嘖稱道。省、市領導參觀後對闖關東年畫給予了高度評價。

一幅幅主題鮮明、造型誇張、顏色豔麗、對比強烈的闖關東年畫作品,讓更多的中外遊客瞭解了這一擁有百餘年歷史的年畫藝術,瞭解了東北傳統的民俗和豐富的文化底蘊,使闖關東年畫真正走出了國門,走向世界舞台。

▍當代中國書法名園 ── 墨寶園落成

　　二〇一一年九月三日，備受矚目的通榆墨寶園盛裝開園。這座擁有「大地印章」「五個中國之最」[1]之稱的主題書法文化園林，集國內外當代書法名家的書法作品碑刻藝術和園林建築藝術於一體，融傳統文化與現代設計於一身，充分展現了通榆地域文化、生態旅遊文化特色，不僅以其獨特的文化魅力和影響力，打造出一張特色鮮明的城市名片，同時，具有「當代書法博物館」功能的墨寶園，也填補了東北三省沒有主題書法園林的空白。

　　墨寶園主題書法園林，不僅是文化旅遊景點、市民休閒公園，還是一個文

▲ 墨寶園唐詩宋詞書法碑林工程北京新聞發布會現場（欒永強　攝）

1　「五個中國之最」即中國第一個北京大學的「文化書法」碑林；中國第一次集合世界各國書法家協會主席書法作品碑林；中國第一次集合一個時代頂級書法家集體創作《唐詩三百首》《宋詞三百闋》書法作品碑林；中國第一個狀元碑林；中國第一個大地印章園林景區。

化產業園。墨寶園的建設理念形成於二〇〇八年，二〇一〇年七月十五日奠基，八月十五日破土動工，一期建設占地六萬平方米。墨寶園的整個園區與國際重要濕地、國家AAAA級景區——向海的自然風光和諧交融。其建築布局由「中國向海」四字組成，從空中俯瞰，猶如一枚方形的「大地印章」。每一字為相對獨立的藝術字園區：「中」係北大文化書法碑林園，「國」係國內外書協主席的作品碑林園，「向」係地方德政園，「海」係狀元園，也是勵志園，

此外，在園內其他重要路線上，分布著六百名中國書協理事和各專業委員會委員書寫的唐詩三百首、宋詞三百闋作品碑刻。

▲ 墨寶園鳥瞰實景（邢志偉　攝）

墨寶園以中國高端文化大格局的戰略思維不斷地將文化資源進行整合與鏈接，擁有以全國政協常

▲ 墨寶園開園儀式（姚彬　攝）

委、中國文聯副主席段成桂為首席顧問的多位相關領域高端領軍人物組成的顧問團體。開園以來相繼有紀念郭沫若誕辰一二〇週年全國書法邀請展、第五屆全國青少年書法美術大賽兒童組獲獎作品展、廣東新印象文化藝術研究院院長趙建個人書法展、「美麗中國文化魅力展播節目」、詩詞名家眼中的通榆暨關東詩陣二〇一三年會等多個重大書法文化賽事在這裡舉行。園內的歷代書法名家二十星宿雕像已入選全國中小學義務教育階段書法教材封底插圖。目前，墨寶園已先後成為北京大學、長春工業大學、台灣文化藝術聯合會等十餘家單位的創作基地或示範園區，同時也是繼第五屆全國青少年書法美術大賽後仍擁有第六屆、第七屆全國青少年書法美術大賽承辦權的文化產業園區。

墨寶園作為承接文化產業項目的有效載體和文化產業龍頭，快速拉動了地域文化產業的發展。二〇一一年，在深圳第七屆「文博會」的文化項目招商活動中，已有十四戶企業入駐墨寶園文化產業園。二〇一二年四月二十五日，通榆墨寶園文化產業發展公司正式揭牌營業，通過整合域內特色文化資源，鏈接域外高端文化資源，確立了書法出版、文化旅遊等九大文化產業發展方向，以「墨寶園」為品牌包裝開發了一批具有發展潛力的地域特色文化產品。此外，墨寶園傳媒公司與澳亞衛視合作製播《中華文化》欄目，內容涵蓋全球二十個國家和地區的中華文化名家訪談與中國二十二朝古都文化巡覽，使墨寶園國際化的形象更加凸顯。

通榆書法文化現象，受到海內外高度關注，開啟了通榆文化產業發展新局面。

中國青少年書法美術大賽獲獎作品展在通榆舉行

為加快以墨寶園為核心的文化產業建設，全力打造「書法文化名城」，二〇一二年，墨寶園憑藉深厚的文化底蘊和獨特的文化魅力，成功獲得共青團中央第五、第六、第七屆全國青少年書法美術大賽承辦權。這是該項賽事自開辦以來首次走出首都北京，來到了仙鶴迷戀的土地——通榆。

二〇一三年八月六日，第五屆中國青少年書法美術大賽獲獎作品展開幕式暨少兒組頒獎儀式在通榆縣舉行。

大賽由共青團中央主辦，中國書法家協會、中國美術家協會為藝術指導單位，著名書法大家、中國書法家協會顧問李鐸，全國政協常委、中國美術家協會名譽主席靳尚誼，中國國際青年交流中心主任鄧亞軍擔任組委會主任。在中共通榆縣委、縣政府協辦下，通榆墨寶園、北京同道文化藝術中心共同承辦了這次活動。

大賽主題為「共創和諧」，宗旨為弘揚民族書法、美術文化，以藝術形式謳歌黨的豐功偉績，積極引導廣大青少年投身到和諧文化的社會主義建設中，進一步推動社會主義文化事業繁榮發展，促進海內外青少年交流，向全世界介紹中國文化及青少年理想追求。大賽徵稿範圍包括毛筆、硬筆、篆刻等書法類作品，國畫、油畫、水彩畫等美術類作品等。徵稿期間共收到少年兒童組參賽作品萬餘件，經評委會認真

▲ 第五屆中國青少年書法美術大賽北京啟動儀式

評審，共有千餘件優秀作品脫穎而出，分獲少年兒童組書法、美術賽事的一、二、三等獎和優秀獎（其中吉林省有 223 幅優秀作品及作者獲獎）。

來自甘肅、河北、新疆等全國各地的獲獎學生及家長、指導教師們參觀了書法文化園林通榆墨寶園，並在墨寶園舉行筆會交流、字畫裝裱、手抓墨製作、拓片製作、碑帖臨摹、景德鎮瓷文具現場繪畫並燒製等一系列活動。本次活動的開展，為全國青少年書法美術愛好者搭建了一個良好的交流和展示的平台，從而帶動了更多青少年和社會各界參與到書法美術等中華傳統藝術中來，傳承中華傳統藝術之魂，展現盛世中國的和諧之美。

賽事的承辦讓鶴鄉通榆以文化的視角邁向全國，開啟了以大文化帶動大發展的新篇章。

▲ 出席頒獎儀式的領導為獲獎者頒發證書和獎盃

劇場的歷史變革

　　二人轉、東北大秧歌等曲藝被百姓俗稱地方戲，在精神文化貧瘠的年代，帶給人們無盡的快樂，是東北百姓精神文化生活不可或缺的重要組成部分。因此，隨之應運而生並歷經變革的演出場地——劇場，便成為百姓精神文化需求發展變化的見證之一。據《通榆縣志》記載，建縣後，通榆城鎮不斷擴大，人口不斷增多，商貿活動逐漸繁榮，來通榆的演出班社也逐漸地多了起來。開始是一些富商（如開業慶典，結婚慶典等）聘請，演出多在開闊之地搭建臨時性的席棚。一九一九年，開通縣城為慶祝擴建老爺廟（興雲宮）落成，從外地請來亢亢紅紅私人戲班，在廟前搭台演出京戲和河北梆子戲。一九二八年開通鎮財主王恩科出資建起了通榆歷史上第一個真正意義上的劇場——「落子園」。

　　建國後，開通、瞻榆兩縣分別建了官辦劇場。瞻榆縣政府一九五二年在原「落子園」舊址翻建了一座小俱樂部。一九五四年七月，開通縣政府在鎮內新

▲ 鶴苑劇場（趙萍　攝）

市場北頭路東新建了一座磚瓦結構的劇場，六〇年代初期該劇場稱「通榆縣評劇院」，六〇年代中期稱「工農兵劇場」。

一九五八年，縣政府建起了通榆縣第一個真正意義上的電影院——開通電影院。電影院主體建築兩層，可容納觀眾五百人左右。一九五八年，縣地方戲隊在老市場西側建土木簡易劇場一座，後經改建，有所擴大。該劇場占地二五〇平方米，可容納觀眾四百人左右。

一九六〇年通榆縣電影院動工，一九六二年建成使用。電影院占地面積二〇一六平方米，建築面積一四二五點一三平方米，坐席九二〇個。放映裝備五五〇三型松花江牌座機二台，十二千瓦發電機一台，配電總量三十千瓦。該影院有時也接待大型的文藝或劇目演出。

一九七六年，縣政府破土動工建「碧野劇場」。該劇場一九八〇年建成，是一座鋼筋水泥結構影劇兩用的現代化建築。建築面積三千平方米，主體建築為三層。一樓觀眾廳坐席為八四九席，二樓觀眾廳坐席為四五六席，可容納一二五五人。三樓為電影放映室，二樓兩側為觀眾休息室。舞檯面積二八〇平方米，舞台跨度十四米，舞台深度十五米，舞台高度十七米，聲、光、效設備齊全。後樓設有辦公室、演員化妝室、演員更衣室、服裝室及道具室，劇場正門前有十三級水磨石台階，台階兩側設有主體玉蘭照明燈。這座劇場曾是通榆縣最豪華的建築，為當年通榆人的文化生活增添了難以忘懷的記憶。

一九八〇年七月，地方戲隊建成磚瓦結構的地方戲劇場。劇場建築面積三百平方米，坐席為硬座排椅，可容納三百人，場內照明及演出用燈齊全。

一九九九年四月縣政府出資在碧野劇場後院修建了「鶴苑」小劇場。該劇場建築面積九五八點五平方米，磚瓦結構，舞台跨度寬十五點二米，舞台深度七米，舞台高度五點五米，觀眾坐席為精美普通軟座椅，可容納三百人。「鶴苑」劇場主樓為兩層，一樓設有辦公室、演員化妝室、舞檯燈光室。二樓為排練場。這座小劇場可接納中小型會議及小型文藝團體演出，成為通榆人享受文化生活的重要場所之一。

縣劇團的創建和發展

建國前，通榆境內僅有一家戲園子接待外地戲班子演出。當時影響較大的河北梆子藝術家王榮仙、著名京戲女老生尹笑園都曾來這裡演出過。

建國後，開通縣赫廣山、榮麗坤等民營劇團在城鎮經常演出。一九五五年，天津市田豐越劇團一行三十人到開通縣演出《梁山伯與祝英台》《白蛇傳》《杜十娘》等劇目，還有《雷雨》《日出》《畫皮》等大型話劇，增添了縣內的文化氛圍，深受百姓歡迎。一九五六年，開通縣成立評劇團，每年在城內劇場演出，觀眾上座率達百分之六〇。一九五七年開通縣評劇團南下瀋陽、鞍山等地，北上牙克石、碾子山、齊齊哈爾演出，同年參加吉林省第二屆戲曲觀摩演出，傳統戲《十萬金》獲紀念獎。一九五八年，開通、瞻榆兩縣合併，兩縣劇團也因此合併為通榆縣評劇團，這時演員陣容更加強大，達到八十餘人，各派唱腔異彩紛呈。

▲ 原縣劇團參演新年聯歡會現場（鄒義勇　攝）

一九五九年，評劇團根據馬加的同名小說《開不敗的花朵》改編的評劇參加白城地區匯演引起轟動，在全區九個市縣鎮巡迴演出三十多場次，在縣內演出一百多場次，巨大的反響使之成為當時全區最受歡迎的劇目。

　　上世紀六〇年代以後，縣劇團主要上演傳統劇目和自編自演的古裝現代戲，每年都為農村送戲下鄉演出一八〇多場。這一時期主要上演的傳統劇目和現代戲有《西廂記》《六月雪》《藍橋》《打金枝》《狀元與乞丐》《小女婿》《家庭公案》《甜蜜的事業》等。縣劇團在一九六二年和一九八一年分別被吉林省文化局和白城地區評選為下鄉演出先進單位，並獲獎金近萬元。在這一時期演出的傳統劇目二一〇個，現代戲六十六個，自編自演現代劇目十一個。同時，劉玉威、蘇小妹、劉廣有等一批優秀演員脫穎而出，成為劇團的主要演員。其中，劉玉威由一名學員成長為劇團團長，在舞台上塑造了幾十個不同人物形象，被選為通榆縣第九屆、第十屆人大代表，一九八二年代表通榆縣出席團中央第十一次全國代表大會，受到鄧小平、陳雲、胡耀邦、楊尚昆等國家領導人的接見並合影留念。

　　一九九四年五月二十三日，劇團參加吉林省文化廳在四平市舉辦的第十二屆二人轉暨小品、戲劇匯演，拉場戲《貴婦人推磨》一舉奪得綜合演出一等獎。這個獎項的獲得，標誌著通榆縣專業藝術創作和演出水平的整體升位，填補了通榆縣綜合演出在省級一等獎項上的空白。

　　一九九六年五月二十三日，吉林省文化廳在松原市舉辦的第十三屆二人轉暨小品、小戲大賽中，通榆縣劇團演出的《傻柱子接媳婦》奪得綜合一等獎。此後的第十四屆、第十五屆及二〇〇二年的首屆二人轉藝術節，參賽曲目《傻哥傻》《僧尼會》《打是親罵是愛》均獲表演、作曲一等獎。演員朱偉連續五屆獲得個人表演一等獎，並在當年被省文化廳評為全省「四大名丑」之一。二〇〇〇年青年演員李玉蓮演出的二人轉《喜蓮》在吉林省「長白山春情」農村題材小品、小戲匯演中榮獲一等獎。翌年一月二十七日代表吉林省參加由文化部在北京人民大會堂舉辦的全國部分省市農村題材小戲演出，奪得銀獎。

二〇〇三年六月，劇團組排的大型反腐倡廉話劇《春寒驚雷》赴黑龍江、吉林、遼寧、河北等省演出近百場，受到當地政府和有關部門的讚譽，收到了良好的經濟效益和社會效益。

二〇一二年六月，通榆縣評劇團進行了文化體制改革工作，撤銷了原有機構，成立了翰墨文化產業有限公司，原劇團幹部職工通過分流的方式進行了妥善安置。

通榆榮獲「中國現代民間繪畫畫鄉」殊榮

　　新中國成立後到上個世紀七〇年代初，通榆年畫風靡神州，《剪窗花》創下連續發行十年，單張發行量七億張的可喜成果，通榆有多部年畫作品在國際、國內獲獎，並被國家級美術館收藏。從上世紀五〇年代末到八〇年代末近三十年的時間裡，是通榆年畫的鼎盛時期，產生了大量膾炙人口的作品。

　　通榆年畫風格不僅受闖關東人帶來的齊魯文化的浸染，由於獨特的地理位置，又受到科爾沁草原文化的影響。其文化價值、地位與作用可與關內的山東濰坊年畫、蘇州桃花塢年畫、天津楊柳青年畫齊名。通榆年畫作品多以耕種為創作題材，畫風豪爽粗獷，樸實自然，具有簡潔、質樸、鮮明、熱烈的藝術風格，凸顯出了特有的地域文化風情和民俗風情，呈現出豐富多彩的特色。

　　丹頂鶴是通榆向海一種重要的保護物種，所以通榆縣素有「鶴鄉」之稱。丹頂鶴有著吉祥、長壽的寓意，這裡的人們都喜愛丹頂鶴，年畫創作者也把丹頂鶴作為創作素材。其中，有劉長恩一九八五年在吉林美術出版社發行的《鶴鄉之子》《鶴鄉曲》，一九九三年在吉林美術出版社發行的《仙鶴迎春》；有劉佩珩一九九〇年在吉林美術出版社發行的《仙鶴戀》，一九九三年入選全國第五屆年畫作品展的《戀》；有谷學忠一九九〇年在寧夏美術出版社發行的《仙鶴迎春》；有劉慶濤一九七六年在上海美術出版社發行的《田頭陣地》；有楊世軍創作的獲白城市美展二等獎的《鶴鄉情》等作品。

　　每年春天以後，「風吹草低見牛羊」的絢麗景象便激發了畫家無數的靈感，年畫創作者把美麗的景色盡情地展現在自己的筆端。其中，有劉長恩一九六一年在吉林美術出版社發行的《打豬草》、一九七六年榮寶齋收藏的《初蕩清波》、一九八〇年獲吉林省美展二等獎的《帶月餅》；有安學貴一九六三年在吉林美術出版社發行的《禮物》；有王樹仁一九七六年在吉林美術出版社發行的《我愛祖國大草原》；有王金輝一九七六年在吉林美術出版社

發行的《草原新苗》；有陸貴友一九七六年在吉林美術出版社發行的《夜戰之前》；有于家祥入展一九九三年全國現代民間繪畫畫鄉作品邀請展的《犖驢》等作品。

通榆年畫取材於民間，內容喜慶吉祥，倡導新風尚，得到了廣大人民群眾的喜愛，成為過春節的一個代表符號，也是百姓祈求風調雨順全家平安富足的一個美好心願。驅邪避鬼、接福納祥，涵蓋了百姓衣食住行的全部內容，娃娃、美人題材的年畫作品雖是以人物為主，但大都具有吉慶祥瑞的含義。其中，有劉佩珩一九八六年在吉林美術出版

▲ 劉長恩年畫作品《打豬草》

社發行的《金龍戲瑞》《龍騰魚躍》《福兆龍年》《龍年如意幸福多》，一九九二年在吉林美術出版社發行的《神童合歡慶豐年》《長白珍奇》；有劉慶濤一九八四年在吉林美術出版社發行的《荷塘戲水》；有谷學忠一九八四年在天津美術出版社發行的《雞鳴富貴》，一九八五年在吉林美術出版社發行的《月月有餘》，一九八九年在吉林美術出版社發行的《健康長壽》，一九九一年在吉林美術出版社發行的《豐年樂有餘》；有趙志斌一九九〇年在吉林美術出版社發行的《秦瓊敬德》《恭喜發財》，一九九一年在吉林美術出版社發行的《福如東海樂有餘》《壽比南山賀吉祥》，一九九一年在吉林美術出版社發行的《守護大將軍》等作品。

由於年畫創作的貢獻突出，一九九一年，通榆被文化部授予「中國現代民間繪畫畫鄉」的榮譽稱號。

向海榮膺「吉林八景」前三甲

「晴空一鶴排雲上，便引詩情到碧霄」。用這樣的詩句來描述丹頂鶴故鄉——通榆，那塊麗的景觀是再恰當不過的。

傳說，乾隆皇帝曾在向海親筆題下「雲飛鶴舞，綠野仙蹤。福興聖地，瑞鼓祥鐘」的碑文。

荷蘭親王貝恩哈德到向海觀光後，深有感觸地說：「這真是人間仙境！」

國際鶴類基金會主席喬治‧阿其博先生考察向海後說：「我到過世界上五十多個國家的自然保護區，像向海這樣完好的自然景觀、原始的生態環境、多樣性的濕地生物，全球也不多了，這不僅是中國的一塊寶地，也是世界的一塊寶地。」

珍：向海濕地具有極高的科研價值。一九九二年，向海自然保護區被列入

▲ 荷蘭親王貝恩哈德在向海（鄒義勇提供）

拉姆薩爾公約《世界重要濕地名錄》，並被世界野生生物基金會評為「具有國際意義的A級自然保護區」，每年吸引大批專家學者來此考察、觀光、進行學術交流。國內的鳥類學者和鳥類愛好者，每年也都來此開展科學研究，觀看各種水禽和欣賞濕地風光。向海，已成為我國東北地區重要的生物多樣性保護地和科研教學基地之一。

　　絕：除了鼎鼎大名的丹頂鶴，全世界十五種鶴類中，向海就有六種，是遠近聞名的「鶴鄉」；各種珍稀鳥類共一百七十三種，《瀕危野生動植物種國際貿易公約》中的鳥類向海有四十九種。另外，這裡各種獸類、魚類、野生植物種類繁多，是極須保護的珍貴的天然博物館。

　　神：向海是個令人魂牽夢縈的地方，關於向海的動人傳說多如天上的繁星。神奇的是，每一個來過這裡的人都會經歷一次傳奇的體驗，留下一段動人

▲ 攬海閣下湖泊水域風光（《仙境》陳敬德攝）

的故事，成為他們畢生難以忘懷的情節。

　　向海旅遊區是內蒙古高原和東北平原的過渡地帶，地勢由西向東微微傾斜，海拔在一五六米至一九二米之間，壟狀沙丘與壟間窪地交錯相間排列，呈西北至東南方向延伸，從而形成了沙丘榆林、茫茫草原、蒲草葦蕩、湖泊水域的自然景色，孕育了種類極其豐富、起源原始古老的生物資源。通榆縣委、縣政府依託向海國家級自然保護區的資源特色，大力開發旅遊業，加快了旅遊基礎設施建設，舉辦了系列旅遊活動擴大宣傳影響面，吸引大量國內外遊客前來觀光度假。主要的景點有鶴島、博物館、百鳥園、沙灘浴場、遊船渡口、千鳥巢、香海寺、郁洋淀、蒙古黃榆、風車、杏樹林等三十多個。

　　二〇〇九年初，省領導提出開展「吉林八景」評選活動。該項活動於三月份正式啟動，利用四月份一個月的時間，通過積極與各地溝通，組織所轄景區和景觀申報「吉林八景」評選。截至四月末吉林省共有四十二處景區和景觀申

報參與「吉林八景」評選活動，向海位列其中。五月中旬，專家召開了第一次專家組工作會議，制定了「吉林八景」評選標準和評選辦法，並根據專家的意見將四十二處景區和景觀整合成三十處，作為公眾投選「吉林八景」候選景區和景觀，基本涵蓋了吉林省的主要旅遊資源和產品，涉及自然、人文和歷史，既有景區，又有景觀，既有區域性，又有季節性。可以說，「吉林八景」評選活動，是吉林省第一次開展的大規模旅遊資源和產品的宣傳推介活動，是加快全省旅遊產業發展的一項重大舉措，也是一項持續時間最長、公眾參與範圍最廣、社會關注度較高的大型宣傳推廣活動。「吉林八景」評選活動開展後，吉林省政府高度重視。省領導多次做出指示，聽取「吉林八景」籌備組織及進展情況，就加強評選活動的組織工作等提出了很多重要的具體指導性意見。由省旅遊局主辦變為省政府主辦，成立了由省委宣傳部、省旅遊局等部門為成員的組委會，提升了活動主辦主體的規格和層次，為該項活動紮實有效地開展奠定

▲ 擁抱向海

了堅實基礎。

　　根據「吉林八景」評選活動安排，六月一日至十四日，進入公眾投選階段。公眾通過網路、手機短信、紙質投票三種方式對三十個候選景區和景觀進行「吉林八景」投選，歷時十四天，共有近六百七十萬人參與，公眾投選總數近五三五〇萬張票，其中省外公眾參與投票達五百四十萬張。向海國家級自然保護區獲得二七五〇〇六四票。七月十一日下午，由聯合國世界旅遊組織專家委員會委員、聯合國教科文組織文化遺產專家、國內旅遊專家及省內旅遊專家一行二十人組成的「吉林八景」評選活動專家組，到向海國家級自然保護區實地考察。專家組沿著景區線路，對千鳥島、攬海閣、仙鶴島、蒙古黃榆景點進行了綜合審查。在十三日終審會現場，專家根據實地考察及候選景區終審現場情況進行綜合評價，並採用實名投票的方式，最終評定出「吉林八景」，「向海舞鶴」脫穎而出，位列「吉林八景」前三甲，標誌著向海已步入吉林省具有代表性特色景區（景觀）的行列，同時也意味著向海自然保護區旅遊形象宣傳推廣進入了一個新的階段。

▲ 仙鶴島

通榆健將體壇奪金

一九八一年十月，一個通榆體育人永遠銘記的金色秋天。十六歲的通榆體校小將邵影，代表吉林省參加全國第二屆中學生運動會，分別以五十八秒六和二分十六秒六的優異成績連奪四百米和八百米兩塊金牌，這是通榆縣有史以來第一次收穫競技體育的金牌，兩塊金燦燦的獎牌不僅圓了幾代通榆體育人的奪金夢，更預示著通榆競技體育的崛起。

一九八四年，在全省青少年運動會上，通榆縣的體育小將們以優異的成績獲得該賽事的團體第一名。

▲ 時任縣文體局副局長的陳敬德（右一）帶隊載譽而歸

一九八六年三月十七日，通榆體校運動員李玥與李霞在遼寧省海濱城市營口舉行的世界中學生女子三千米越野賽的選拔賽中分獲第一名、第二名，雙雙入選國家隊。四月二十五日，李玥代表中國參加在葡萄牙阿爾維加舉行的世界

中學生女子三千米越野賽，並以優異的成績獲得個人和團體兩枚金牌。

一九八八年三月十八日，由通榆培養輸送的運動員王秀豔、金雲代表中國參加在盧森堡舉行的第二屆世界中學生女子三千米越野賽，王秀豔獲個人和團體兩枚金牌，金雲獲團體一枚金牌。同年，通榆縣被吉林省體委命名為「中長跑人才訓練基地」。

一九八九年，中學生王萍代表吉林省參加全國第二屆青少年運動會，在田徑比賽中打破了青年女子一百米、二百米全國紀錄，同時創造了當年這兩個項目全國最好成績，被選入國家隊集訓。

▲ 王萍與隊友獲得亞運會冠軍

一九九〇年十月二日，在北京舉行的第十一屆亞洲運動會上，王萍與隊友密切配合，獲得了四乘一百米接力金牌，打破並創造了亞運會和亞洲紀錄。

一九九二年五月十七日，劉岩代表中國參加在葡萄牙舉行的世界中學生女子三千米越野賽，獲得一枚團體金牌。

▲ 左一為徐志航（宗麗影　提供）

二〇一三年，通榆縣運動員徐志航，相繼在全國少年田徑錦標賽暨世界少年田徑錦標賽選拔賽、全國青年田徑錦標賽的男子四百米比賽中兩次奪金。

截至目前，通榆縣運動員在市級以上比賽共獲得獎牌四百多枚，其中省級金牌七十三枚，國家級金牌二十四枚，國際世界中學生比賽金牌六枚，亞洲金牌一枚。破亞洲紀錄一項，破全國紀錄一人二項，破省青少年紀錄二人三項；向上級輸送體育後備人才一三二人，國際健將一名，其他健將三名。

在特殊的競技賽場上，通榆健兒依然成為世人矚目的焦點。

二〇一三年一月，通榆培智學校的路陽、李占全、王珊等三名學生代表國家在韓國平昌舉辦的第十屆冬季特奧會，在越野滑雪項目賽中獲得五金、一銀、二銅的好成績。同年六月，培智學校的李占全、李明浩、陳宇、薛小旺等四名同學加入吉林省代表隊參加全國特奧足球賽，一舉奪得男子團體冠軍。

二〇一四年五月，通榆培智學校五名學生在北京舉辦的全國殘疾人田徑錦標賽獲得一金、一銀、二銅的好成績，其中王珊獲得一五〇〇米金牌。

▲ 李占全特奧會獲金牌（孫敬瑤　提供）

▲ 第一排左起依次為李占全、王珊、路陽

▲ 全國特奧足球賽冠軍

第三章 ———

文化名人

　　他們，如同閃爍在歷史天空的繁星，發散著文化的光芒，推動著文化的前
行腳步。雖然他們從未停止過跋涉，但卻早已將生命之根深深地紮在了鶴鄉大
地上，從這裡汲取文化的營養並回饋這片土地。這也是通榆這座塞外小城，文
化傳承生生不息，繁榮發展的根源所在……

通榆年畫一代宗師——劉長恩

一九六一年的春節對通榆年畫而言有著特殊的意義，因為那一年很多人家的牆上都張貼了通榆人自己創作的年畫——《打豬草》。這張年畫不僅是通榆作者出版的第一張年畫，也是吉林省早期年畫作品之一，它對通榆年畫的興起產生了重要影響。這張年畫的作者就是劉長恩。

劉長恩（1936年-1998年），筆名一丹，中國美術家協會會員，中國出版工作者協會、莊鎮藝術研究會會員。曾任通榆縣文化館副館長，吉林美術出版社年畫掛曆編輯室主任、副編審，吉林省年畫創作奠基人之一，是通榆年畫當之無愧的領軍人物和一代宗師。

劉長恩的藝術成就豐碩。他的部分年畫代表作曾發行到日本、加拿大、澳大利亞等國家。多幅年畫作品榮獲國家、省級獎項。其中，《咱們隊的好獵手》《再請戰》被中國美術館收藏，木板水印《初蕩清波》被學術研究性的藝術企業機構榮寶齋收藏，並向全國發行。一九八七年他的名字載入《中國美術大辭典》，一九八九年又被載入《中國美術家年鑑》。

▲ 繪畫名人：劉長恩

劉長恩對通榆年畫發展影響巨大。畫功深厚的他，最擅長的是中國畫，側重於工筆，對水粉、水彩亦能運用自如，尤其在工筆國畫和水彩的有機結合上更是遊刃有餘。他緊跟時代，生活功底厚重，藝術造詣高深，繪畫語言豐富，表現技巧嫺熟。但深愛著繪畫藝術的他

卻不曾止步，為了提高繪畫技能，他遠赴上海學習擦筆年畫技法，成為通榆最早的擦筆年畫畫法帶頭人。在他的影響和帶動下很多繪畫愛好者開始了年畫的創作，而幾乎所有通榆年畫的作者都得到過他的指導和幫助。其中，通榆年畫創作幅數最多的劉佩珩就是他的得意弟子之一。這也使得通榆年畫創作不斷向著鼎盛的時期邁進。

代表作品展示：

▲　《打豬草》1961年由吉林美術出版社出版（于家祥提供）

▲ 《再請戰》1974年由人民出版社出版

▲ 《咱們隊的好獵手》1975年由吉林美術出版社出版

通榆年畫最高獎項獲得者 —— 安學貴

在一九八四年全國第六屆美展優秀作品展中，一幅名為《年三十》的通榆年畫作品獲得了文化部全國年畫評獎銀牌獎，作品被中國美術館收藏。這是目前為止，通榆年畫所獲得的最高獎項。它的作者就是安學貴。

安學貴（1940年- ），筆名瀟怡，吉林省通榆縣人。一九五八年從事藝術創作活動。是中國美術家協會會員、國家高級美術師、中國同澤書畫院畫家、中國書畫收藏家協會創作基地專業畫家。很多作品在國際、國內、省內參展、獲獎。安學貴的名字被《中國美術大辭典》《中國美術年鑑（1949-1999）》等多部辭書收錄。

安學貴從藝較早，一九五八年開始從事美術創作，作品豐厚，成果顯著。安學貴作品以國畫為主，年畫只是他作品中的一小部分。其作品謀篇寓意深遠，構圖大氣恢宏，造型準確生動，技法不拘一格，顯示出其深厚的文化底蘊和較高的藝術修為。

他的作品多次參加國家和省級美展並獲獎：一九七四年年畫《移山志》參加全國美展；一九八三年《葦鄉戀》參加全省美展獲省展一等獎；一九八四年《年三十》獲省美展一等獎；一九八六年《爸爸的生日》參加吉林省美展獲一等獎；一九八九年《山村校慶》參加全國第七屆美展；一九九〇年《關天培》參加省美展獲得省美展一等獎；一九九一年《冷月》參加加拿大楓葉獎大展獲優秀作品獎；一九九五年《不祥的日子》參加「正義、和平、反法西斯戰爭勝利五十週年國際美展」；一九九六年《野秋》參加美國洛杉磯首屆中國水墨畫大展；一九九七年《屈原》等五件作品

▲ 繪畫名人：安學貴

由中國農牧業代表團攜帶赴日本參訪，贈予日本友人井上競（國會議員）等五人收藏；二〇〇五年《科協會員》參加關東畫派人物畫大展普京展，在中國美術館展出，由《美術》雜誌發表。

代表作品展示：

▲ 《年三十》1984年參加全國美展獲銀獎

▲ 《家訪》1964年吉林美術出版社出版

▲ 《禮物》1963年吉林美術出版社出版

年畫單張發行量全國之最的畫家 —— 姜貴恆

　　一九六三年，一幅由上海美術出版社出版的年畫作品《剪窗花》受到了全國人民的歡迎。在「文革」期間，多數作品被禁止發行時，《剪窗花》被改名為《毛主席萬歲》，並由十一家出版社再版，連續發行十年。據不完全統計，發行數量超過七億多張，當時居全國之首。

　　年畫《剪窗花》是通榆畫家姜貴恆與上海畫家魏瀛洲共同創作的，是一幅典型的擦筆年畫作品。這幅作品主題鮮明，年味濃郁，色彩亮麗，表現的是一個坐在炕上剪紙的小姑娘，開心快樂地展示自己手中的剪紙作品《毛主席萬歲》。這幅作品在造型和繪畫技法上已相當成熟，具有中國工筆畫的特徵，構圖飽滿，色彩風格濃郁富麗、豔麗鮮明，以紅、綠、黃、藍等純色為主。通過畫家對畫面色彩的主觀處理，使色彩和諧統一，濃豔而不媚俗，飽滿而又柔和，給人一種歡樂和諧的喜慶景象。

　　姜貴恆（1935年-1988年），出生於吉林省鎮賚縣，先後任小學美術教師、通榆縣文化館美術創作員、通榆縣電影院美工。

▲ 繪畫名人：姜貴恒

　　一九七四年，姜貴恆創作了《瑞雪》，由吉林人民出版社出版。畫面描繪了瑞雪紛飛、紅梅花開時兩名婦女站在窗前，用放大鏡仔細查看自己精心培育的小苗生長情況的場景。兩人臉上洋溢著喜悅的笑容，暗自慶祝著成功。窗外紛飛的雪花預示著「瑞雪兆豐年」，盛開

代表作品展示：

▲ 《剪窗花》1963年上海美術出版社出版（于家祥提供）

▲ 《瑞雪》
1974年吉林美術出版社出版

▲ 《一花臨來萬花開》
1975年吉林美術出版社出版

的紅梅代表著春天的來到，這些都讓人聯想到即將來臨的豐收年。

　　姜貴恆創作年畫從人們喜聞樂見的視角出發，以現實為依據，造型上大膽取捨，敢於誇張變形，突出主體部分。他創作的年畫造型強調裝飾效果，不作自然形態的過分追求，脫胎於自然形象，卻比自然形象更理想、更鮮明、更生動，讓人感到賞心悅目，使新年的歡樂喜慶氛圍更加濃厚。

通榆年畫作品創作數量最多的畫家──劉佩珩

在通榆年畫界，個人創作年畫幅數創吉林省之最的畫家是劉佩珩，他一生出版發行年畫作品百餘幅。

劉佩珩（1954年-2006年），畢業於東北師範大學美術系。中國美術家協會會員、吉林省美協理事，曾任白城市美術家協會主席、國家一級美術師。

劉佩珩是通榆年畫的後起之秀，以作品數量多而精著稱。從一九七四年創作第一幅年畫《同心協力》開始，他的許多優秀年畫作品相繼在全國十餘家出版社出版發行，頗受群眾喜愛。作品曾多次參加省市美展並獲獎：一九八四年年畫《喜迎春》入選第六屆全國美展；一九九四年年畫《長白珍寶》入選第七屆全國美展；一九九一年年畫《祖孫情》《長白珍奇》獲第四屆全國年畫展優秀獎，國畫《月是故鄉明》赴日本進行國際交流展；二○○○年年畫《吉祥娃娃》獲世界華人藝術展銅獎。《藝術傳略》被載入《中國美術家大辭典》《中國美術家年鑑》

▲ 繪畫名人：劉佩珩

代表作品展示：

▲ 《同心協力》1976年吉林美術出版社出版

▲ 《戀》
1993年入選全國第五屆年畫展

▲ 《祖孫情》
1991年獲第四屆全國年畫展優秀獎

等辭書。

劉佩珩從學生時代起就在老一輩畫家身邊長大，師承劉長恩、安學貴等老一代年畫家，後畢業於東北師範大學美術系。一生專攻年畫和風俗畫，擅長擦筆，對年畫色彩深有心得，對年畫製作技巧運用自如。劉佩珩的畫以喜慶、祈福內容為主，他像擺七巧板一樣，把娃娃、魚、如意等喜慶道具任意改變位置來形成新的作品，因而作品頗豐。

「筆簡形賅，形神兼備」是很多人對他作品的第一感覺。在繪畫筆墨的表現手法上，畫家劉佩珩有著自己獨到的見解。在最初進行動物畫創作時，其在筆墨上一直做加法，那時的他力求把作品中的動物畫得很精細很具象，而漸漸地，他開始在畫面中做減法，將那些無關緊要的筆墨去掉，只留下傳神精到的東西。可以說這是一個不斷提煉的過程，因為創作本身就是一個長期提煉的過程，也只有經過不斷地提煉，作品才能逐漸達到超越前人、獨樹一幟的更高境界。

科爾沁草原傳統民間繪畫的傳承人——朱家安

　　一九六一年，一位通榆畫家為建黨四十週年創作了宣傳畫《中國共產黨萬歲》，當年在吉林人民出版社以年畫的形式出版。這是通榆縣第一位在國家級報刊上公開發表年畫作品的畫家，他叫朱家安。

　　朱家安（1936年-2010年），吉林省美術家協會會員，曾在通榆縣文化館任輔導員，後在通榆師範學校任教，原籍山東省昌樂縣。

　　他從小和父親學習木版年畫的技藝，爺爺朱方是山東省昌樂縣泊子鄉當地十里八村小有名氣的「朱家畫坊」的開創人。清道光二十五年（1845年）時，山東昌樂鬧水災，朱方就帶領一家老小從煙台渡海闖關東，來到了遼寧開原落腳。

　　災荒之年，朱家並沒有放棄木版年畫的手藝，相反，還把這門手藝帶到了關東。為了生存，朱方又在開原開起了「開原朱家畫坊」，依舊靠一些木版年畫為生，養活全家老小，慢慢地在當地出名，就連朱家安的父親朱征南也跟隨父親學藝。後來朱方去世，朱征南掌管畫坊生計。一九三五年，迫於災荒，舉家搬往通榆。一九三六年朱家安出生於通榆，一九四五年，朱家安九歲時，子承父業。不久其父母雙雙染病去世，朱家幾代的木版年畫刻板、製作技藝被朱家安逐漸繼承。

　　二十世紀五〇年代，朱家安在長春藝校深造，畢業後開始進行新年畫創作。朱家安創作的《二十四孝》《年年有魚》等作品在通榆當地十分受歡

▲ 繪畫名人：朱家安

迎。他創作的年畫作品曾入選第三屆、第四屆全國年畫作品展。

「文革」期間，通榆木版年畫被認為是「四舊」和「迷信」，受到了批判和打擊。朱家安受到迫害，他怕那些木版年畫的模板被搶走，忍痛燒燬了朱家幾代傳下來的木版年畫模子，還焚燒了祖輩傳下來的木版年畫畫稿，上百把刻刀也都被搶走。但這並未泯滅朱家安創作的想法，他一生堅持創作，成為科爾沁草原傳統民間繪畫的傳承人。

代表作品展示：

▲ 《我給軍屬送鮮菜》
1980年吉林美術出版社出版

▲ 《中國共產黨萬歲》
1961年吉林美術出版社出版

▲ 《新春樂》
1962年吉林美術出版社出版

兩項省非物質文化遺產代表性傳承人
——李向榮

闖關東年畫（木版年畫）產生於生產水平較低的農耕時期。受人們經濟狀況所限，加之年畫自身就具有價格低、裝裱性強的特點，所以成為春節期間廣大民眾佈置裝點房屋、尋求吉利喜慶的首選畫種。在通榆縣，這種畫藝的代表人物之一便是李向榮。

李向榮（1952年-　），祖籍山東濟南千佛山。高中學歷，中國工藝美術家協會會員，省級工藝大師。

家承譜系太祖父李祥，祖父李連春，父親李興亞。一九一一年李向榮的爺爺李連春闖關東到通榆縣，以製作木版年畫為生，並創作了極具地域特色的「通榆闖關東年畫」。「通榆闖關東年畫」是隨著社會變化及人們生活狀況的改變而不斷發展變化的。它保留了中原年畫風格，又有自己的藝術特徵，是一種重要的美術作品，對研究中國民間繪畫藝術特別是年畫發展有重要價值。

年少時的李向榮隨父親學習繪畫、書法、篆刻，特別是祖傳無筆畫、木版年畫。他的木版年畫作品具有典型的東北特色，風格古樸而新穎，水印、膠印、疊加套版，製作方法和材料上也有地方元素，用色、用紙講究，代表作品有《門神》《牧耕圖》《福祿壽》《連年有餘》等。

▲ 繪畫名人：李向榮

李向榮無筆畫不受工具等諸多因素的影響和制約，創作手法也隨心所欲。因此，在民間有著廣泛的群眾性基礎。他的無筆畫源於國

代表作品展示：

▲ 木版年畫作品《連年有餘》

▲ 無筆畫《山水》（任洪洋　攝）　　　▲ 木版年畫《連年有餘》範本

畫，取材於民間，內容多樣：吉祥喜慶、驅邪納福、追求進步、移風易俗、倡導新風尚等都是其表現的內容。由於李向榮的木版年畫緊跟時代步伐，日益創新，因此可以說是社會發展、民俗風情的重要歷史見證，對研究中國民間繪畫藝術與其他各個畫派的融合和發展有著重要的意義。

　　李向榮在二○○九年、二○一一年分獲吉林省兩項非物質文化遺產證書，五件無筆畫作品被收藏於國家二級博物館。

油筆畫派的領軍人 ── 費景富

二〇〇八年，有一件轟動通榆小城的大事：一位通榆的中醫大夫被中國文化藝術終身成就獎藝術評定中心評為「中國文藝榜 ── 中國當代文藝人物」，他就是費景富。

▲ 繪畫名人：費景富

費景富（1968年-2013年），吉林省通榆縣瞻榆鎮東昇村人。他獨創油筆畫、油筆中性筆畫，榮獲該畫種兩項國家發明專利。他的油筆畫已經被列入白城市第一批非物質文化遺產名錄。

十九歲的時候，由於家裡年景不好，費景富離開家鄉到海南學習中醫針灸按摩。那時，他隨身都帶有本和筆，有靈感就畫、有時間就畫。由於投師無門，他便自學油筆畫和玻璃壁畫，後專攻油筆畫和國畫。一九九三年，費景富自考了長春中醫學院，他在學校一邊學習一邊堅持練習油筆畫。經過不懈努力，他的作品終於在一九九四年第一次入選了通榆畫展。同年，他的國畫《七九河開》入選白城市美展。自此，費景富的油筆畫不但受到了世人的肯定，同時也取得了豐碩的成果：一九九六年，國畫《雪野群侶》榮獲吉林省首屆菁英美術書法攝影作品大賽優秀獎，國畫《荒原孤侶》榮獲第二屆「王子杯」海峽兩岸書畫大賽銅獎。一九九九年，榮獲「祖國頌」國際書畫攝影大賽特別金獎。二〇〇〇年，他的作品榮獲中國書畫名家大獎賽精品獎，並編入《中國名家書畫集》，作品被吳道子藝術館永久收藏。他獨創的油筆畫、油筆中性筆畫，開創了硬筆國畫先河，被評為第五屆國家專利發明獎一等獎、國家科技進步最佳成果獎二等獎，成果入編《中國專家人名辭典中華名人大典》，被授予「中華名人」稱號。

二〇〇七年他的油筆畫作品《融》獲得中國工藝美術最佳設計獎、中國首

代表作品展示：

▲ 油筆畫作品《靜夜荷塘》

屆人類貢獻獎、文化藝術類美術金獎、中國文藝金像獎藝術品質金獎等四項大獎。榮獲「水墨中國藝術成就獎」，油筆畫作品被評為國家一級珍貴藝術品、榮獲「百名中國當代文藝人物」特級榮譽證書、藝術品國家一級認定證書。二〇〇八年被中國藝術學會提名，網上投票光榮當選「二〇〇八年中國藝術年度人物」，作品及傳略入編《世界藝術大系》。

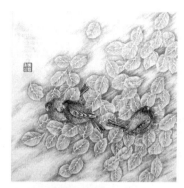

▲ 油筆畫作品《秋》

　　費景富的油筆畫，結構嚴謹，線條的運用和變化極為流暢，畫風工巧且樸實細膩。用油筆作畫和用別的工具不同，運筆便著色，畫作上既有國畫的氣韻、油畫的特點，又有版畫的風格。它色彩豐富，可以跟各種硬筆相結合，賦予作品生命的氣息。

▲ 油筆畫作品《融》（鄭春光　攝）

翰海專藏第一人——蓋雲亭

二〇〇二年十二月參加吉林省千人書畫展，二〇〇三年在吉林省第二屆臨帖碑大賽中獲得優秀獎，二〇〇四年書法《紀念鄧小平誕辰一百週年》在書畫大賽中獲得優秀獎，二〇〇五年參加吉林省楹聯書法大賽獲得三等獎……這一串串光環記錄著一位退休老人的不懈追求之路。他，叫蓋雲亭。

蓋雲亭（1942年-　），畢業於通榆師範學校，在鄉鎮奔波二十餘年。回城後一直在機關工作，熱愛詩詞書畫，至今筆耕不輟。退休後曾任通榆縣書法家協會主席、縣老年書畫研究會會長、白城市楹聯協會副主席、吉林省書法家協會會員、作家協會會員、中國硬筆書法協會會員、中國老年書畫研究會會員。

他喜讀史書，偏愛書法。家中藏書萬餘冊，收藏全國各地年畫六四〇〇餘幅，其中通榆年畫百餘幅。早在求學期間，蓋雲亭就對中國古典詩詞產生了濃厚的興趣。《詩經》《楚辭》、漢魏六朝詩歌多有涉獵，在學習過程中，他也探索著創作了一些古體詩詞，多年來積累了許多創作經驗，逐漸形成了自己特有的詩詞創作風格。曾先後編輯出版《香海寺》《二郎廟》《杏林情絲》《瀚海拾珠》《杏林情韻》等旅遊書籍五部；創作出版《鶴鄉詩草》《瀚海律吟》《杏花天影》《綠野仙蹤》詩集四部；創作出版《瀚海心語》和《歲月留痕》散文集二部。散文《管窺白蛇傳》曾發表在《當代文藝》上。

蓋雲亭的詩詞大都符合古體詩詞音律要求，中規中矩，語言淺顯易懂，絕沒有學生

▲ 書畫名人：蓋雲亭

代表作品展示：

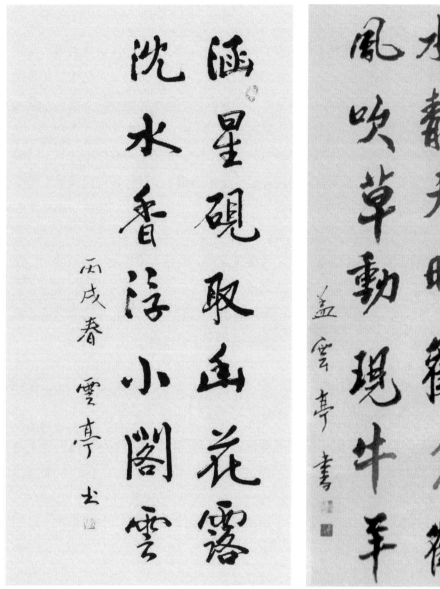

▲ 書法作品（趙玉花攝）

腔、腐儒氣。意境是詩詞的靈魂，他的詩詞有著極強的意境美：「花落絮飛葉齊，杏滿枝。招來村童攜手鬧嘰嘰。摘果嘗，品滋味，藏迷迷，灑下歡歌笑語久不離。」寥寥數語就為我們勾勒了一幅村童杏樹林中嬉戲圖，展示了人與自然和諧相處的優美畫卷。

一九九〇年，他創作的長詩《百韻歌》和《通榆是個好地方》囊括了全縣五場九鎮十四鄉的經濟文化盛況，歌頌了改革開放的喜人場景。

二〇〇七年，他和幾位志同道合的朋友幾經努力，將通榆年畫結集成冊，出版發行。畫集中共收錄曾經活躍在通榆畫壇的二十七位畫家的二九二幅珍貴作品，成為通榆文化界的一大盛事，也成為通榆歷史上的一件大事。如今，這本畫集在通榆的各機關事業單位均有收藏。蓋雲亭創辦的通榆《詩詞書畫月刊》已發行一六六期，現在仍在發行。蓋雲亭不慕榮華以學為業，他為自己畫像：

半禿半駝半老翁，不卑不亢不苟同。
一齋一硯一支筆，寫天寫地寫人生。

退休後，蓋雲亭開始專心研習書法，尤以楷書見長，兼習行草。其學術論文及書法作品曾發表於二〇一〇年的《書法導報》。二〇一三年，獲「中國中老年書法展」銀獎，另有多篇作品發表於省市各類刊物上。

他還先後製作《通榆老街》影集四部，收藏通榆一九七〇年至二〇一〇年老照片一〇〇〇餘幅，收藏各類報紙二〇〇〇〇餘張。吉林電視台《夕陽紅》欄目、白城電視台《發現白城》欄目均報導過他的事蹟。

書畫兼修的鶴城名家——白光耀

在二〇〇二年的中國天津書畫展上，一組憨態可掬的豬趣圖，讓他收穫了「關東畫豬第一人」的美譽。十年後，一幅筋骨龍健、風神灑脫的書法作品，又讓他將全國中老年書法大賽的金獎收入囊中。他就是執著於書畫藝術的鶴城名家——白光耀。

白光耀（1954年- ），吉林省通榆縣人。號壙埌堂人、南坨居士、草根齋主。曾任通榆縣文化館館長。中國美術家協會會員，中國書法家協會吉林分會會員，白城市書法家協會副主席，中國深圳惠陽海峽兩岸書畫藝術研究協會副會長。現任通榆縣書法家協會、美術家協會名譽主席，通榆書畫院院長。

書畫兼修的白光耀在書畫藝術中一直追求以自然為師，鑑古求新，拓懷達意，這也使其書畫作品形神兼備特色鮮明。作為通榆書法界的領軍人物之一，他的書法作品備受業內人士推崇，並多次獲得各級獎項。早在一九八六年，他的書法作品就獲得了全國「墨苑群芳」書法大賽嘉獎；一九八九年獲「墨寶魂」書法大賽優秀獎；一九九一年參加「中國華人世界盃」書法大展獲優秀獎；一九九三年獲吉林省文化廳書法楹聯展二等獎；一九九六年獲省群眾書法展評三等獎；一九九九年獲省千人幹部書法展銅獎；二〇〇三年獲全國首屆歌頌「家鄉美」書法展三等獎；二〇〇七年獲「迎奧運全國書法展」二等獎……

與此同時，他的繪畫作品也先後在國際、國內美展中獲獎。其中，他的國

▲ 書畫名人：白光耀

代表作品展示：

▲ 繪畫作品《豬趣圖》（葛曉強　攝）

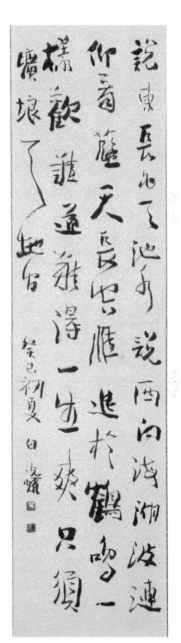

▲ 書法作品

▲ 書法作品（王志鵬　攝）

畫作品《棋下千古求和平》參加全國美展；《秋韻》參加聯合國教科文組織的國際畫展獲優秀獎，作品入選畫集；國畫《姍姍來遲》參加世界華人迎奧運名家書畫大展，作品入選畫集；《向海二十四景》獲吉林省美展二等獎；《陣雨過後》獲吉林省美展二等獎；作品《冬月》獲建國六十週年全國中老年人書畫大展金獎；作品《村雪》參加首屆「中國畫，畫家鄉」全國美展大賽，獲銅獎；《放歌月下》（與安學貴合作）在省美術展中獲佳作獎；《花好月圓》《開了春》《豐收曲》《林霜》《秋原》等一批作品，先後在省美展中獲獎，部分作品在吉林美術出版社出版。創作出版《中國古代百名畫家》畫冊。

　　賞其書畫，如品其人。懷著對書畫藝術的敬畏之心，歷經了半個世紀的執著追求，如今的他依然用書畫描繪著自己無悔的藝術人生。

醉在「詩意雕影」中的剪紙藝術家
——李銳士

　　剪紙藝術家喻戶曉，但是能夠創立「詩意雕影」藝術品牌，在全國獨樹一幟，則是難能可貴。在通榆縣，說起「詩意雕影」，人們自然會想到李銳士。

　　李銳士（1955年-　）現為軒轅「詩意雕影」藝術研發中心主席、中國詩書畫聯盟網名譽主席、北京國藝粹寶書畫院名譽院長、廣東「新印象」藝術研究院副院長、中國向海「墨寶園」藝術總監；中國民間文藝家協會、中國工藝美術協會、中華民族文化促進會會員；吉林省作協會員、詩人，省非物質文化遺產代表性傳承人，省首屆工藝美術大師；白城市民協副主席、市工美協顧問、曾榮獲白城市「十大金曲獎」和「非遺十佳」稱號。代表著作有《詩意雕影》《中華英傑》《絕豔驚才》；代表作品有《詩意雕影》《文友唱和》《名企廣告》《大家書法》《墨寶風光》《中外人物》等。追求現代寫實風格，表現古今中外人物，流變詩書畫印意境，彰顯中華民族文化，是其作品的總體特色。

　　李銳士從小熱愛剪紙，這源於家族傳承。他的曾祖父、祖父、父親均對民間工藝美術、書法、繪畫有著較高的造詣，他曾在父親指導下學習繪畫，研習書法碑帖，練習剪紙。李銳士小時候，經常把《中國少年報》《少年文藝》等報紙和刊物中美術輔導專欄中的插圖剪下來收藏、描摹，從中學到了很多東西，後修詩歌、書法並漸涉文史。

　　李銳士的剪紙以刀刻為主，刻製工具主要有壁紙刀、剪刀、木刻刀、自製用刀。他的刻刀技法精湛，細緻入微，每件作品都能體現極高的智慧和技藝。剪紙作品主要以歷史人物、民族菁英和古代仕女為題材。他的人物剪紙作品集中，有近千個古代、近代、現代人物，不僅有人物形象，還配有詩文、傳記等。這些作品無論在剪紙技藝還是在表現形式上，都在傳統民間剪紙基礎上有了創新和發展，賦予了剪紙藝術新的生命力。他獨創的人物剪紙，因技藝和文

▲ 剪紙名人：李銳士

化內涵相對要求高，難度非常大，因此在省內目前能夠做這種人物剪紙的少之又少。他的剪紙作品多次在白城市博物館展出，同時也被白城市政府選為禮品餽贈國內乃至國際友人。

　　早在一九九八年，他的詩意雕影系列剪紙作品集《中華英傑》就已經出版，出版當年被列入白城市「兩史一情」教育輔助教材。在此基礎上，又於二〇〇六年出版了第二本剪紙專集《絕豔驚才》，該書以剪紙手法再現三百餘位中國古代才女，並配以詩詞、傳記。

　　作為白城市民間文藝家協會副主席、通榆縣民間文藝家協會主席的李銳士，一直心繫傳統文化和歷史文化遺產保護方面的工作，他希望通過自己的努力，為地方非物質文化遺產的保護作出貢獻。

代表作品展示：

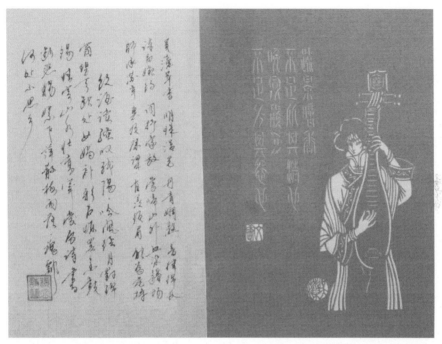

▲ 剪紙作品《清代才女》

▲ 剪紙作品《絕豔驚才》系列

▲ 剪紙作品《十大元帥》系列

「中華巧女」剪紙藝術家——王岩

　　十二歲時剪紙作品《加油》在首屆國際少兒「春筍杯」書畫大賽中榮獲「佳作獎」，十七歲時被吉林省文化廳授予吉林省民間藝術家稱號。這就是在通榆被稱為才女的剪紙藝術家王岩。

▲ 剪紙名人：王岩

　　王岩（1977年-　），吉林省通榆縣人。一九九九年畢業於吉林廣播電視大學美術系，現在吉林省通榆縣文化館工作。任吉林省民間藝術家協會會員、白城市民間藝術家協會副主席、通榆縣剪紙藝術家協會秘書長。

　　她自小就酷愛剪紙，作品以花鳥、人物為主，但她沒有簡單地沿襲剪紙的傳統手法和內容，而是在繼承傳統表現形式和技法上吸收了其他藝術形式的精華，並賦予如版畫、素描、人物寫生等技藝，使剪出的人物形象生動，表情豐滿，線條明快簡潔，生動富有活力。一九九八年由王岩主講的《民間剪紙講座百集》在吉林教育電視台和山東電視台播出後，深受廣大剪紙愛好者的喜愛和好評。剪紙技法日臻成熟的王岩相繼在各級大賽中收穫獎項：她的剪紙作品《飛蘆鶴舞》在一九九五年的首屆「中華巧女手工藝品大獎賽」獲優秀獎；一九九九年、二〇〇二年、二〇一三年，她的《窗花》系列作品分別在吉林省文化廳舉辦的「迎新春」系列春聯剪紙大賽中獲得一等獎；二〇〇一年，作品《金玉滿堂》在「巧女藝術大賽」中獲三等獎；二〇〇九年，作品《美麗的向海我的家》在第五屆「中華‧金壇」國際剪紙藝術大賽中榮獲優秀獎；作品《向海珍禽》在中國國際旅遊商

品博覽會中榮獲優秀獎，同年，王岩剪紙被列入吉林省白城市非物質文化遺產保護名錄，而她本人也被列入省級非物質文化遺產傳承人。

代表作品展示：

▲ 剪紙作品《美麗的向海我的家》

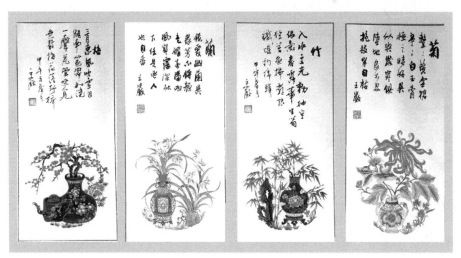

▲ 剪紙作品《梅蘭竹菊》（周勇　攝）

傳播關東石雕文化的使者 —— 李國祥

　　在二〇〇一年九月中國（長春）第一屆民間藝術博覽會上，一件名為《百財富貴》的雕刻作品被大會作為會標印在參展證上，這件作品的作者就是李國祥。

　　李國祥（1949年-　），高中學歷，吉林省通榆縣人。省非物質文化遺產代表性傳承人，吉林省民間工藝美術大師。多年來，李國祥的足跡遍及全國，曾六十餘次在全國辦展及參展，成為了傳播關東石雕文化的使者。

▲ 雕刻名人：李國祥

　　李氏石雕傳承四代，至今已有一二〇多年的歷史。上世紀八〇年代開始，李國祥潛心研究石雕藝術，曾多次去石雕之鄉青田、曲陽、岫岩、阜新等地研究石雕、玉雕的技法風格，吸取中國雕刻藝術精華，鑽研中國石、玉雕的雕刻技術。不僅如此，李國祥憑著自己多年繪畫的功底，把中國畫藝術與雕刻藝術完美地結合起來，使作品文化底蘊更加豐厚。經過三十多年的不懈努力，李國祥的石雕技藝日臻成熟與完善，形成了雕刻開絲精妙細微、開臉形象傳神、變形古樸奇拙、寫實惟妙惟肖的獨特風格。作品涵蓋山水、人物、花鳥、仿古等五大體系，有印章、擺件、古玩仿真、硯台、微雕、篆刻等二百多個品種。二〇〇一年，李國祥榮獲「優秀民間藝術家」稱號。二〇〇四年六月，他的作品《龍的傳人》在吉林省政府、省人事廳「全省離退休幹部工藝美術大賽」獲二等獎；二〇一〇年三月在大連中國

第十二屆工藝美術博覽會上，由中國美術協會評定，作品《花好月圓》《踏雪尋梅》分獲「中藝杯」金銀獎。李國祥石雕已被省政府列為重點非遺項目、被省文化廳列入重點推介項目，系列產品已被有關組織部門作為禮品餽贈國際友人，傳入日本、美國及中國的港、澳、台地區。

　　目前，李國祥註冊有白城市老關東石雕中心、白城市老關東石雕博物館。在通榆建有石雕廠，資產達千萬，形成了產業化發展，成為通榆縣具有影響力和帶動力的文化產業龍頭企業之一。

代表作品展示：

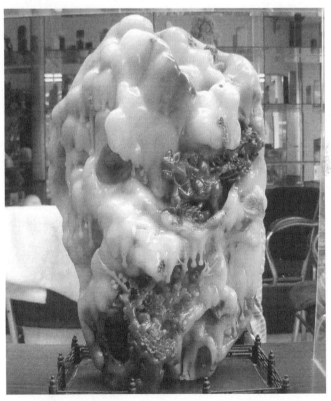

▲ 石雕作品《踏雪尋梅》

▲ 石雕作品《花好月圓》（王繼民　攝）

▲ 石雕作品《樂在其中》

行走鶴鄉的攝影家 —— 谷學忠

　　一九八六年，在吉林省文化廳、吉林省攝影家協會舉辦的吉林省首屆群眾攝影藝術作品展上，一位來自基層的攝影家憑藉一幅帶有鄉土氣息的作品《老農歲月》，一舉獲得二等獎。從此，通榆縣的攝影藝術開始被外界所關注，這位攝影家便是谷學忠。

　　谷學忠（1942年-　），筆名墨谷，吉林省大賚人。歷任通榆縣文化館美術、攝影幹部、副館長，通榆縣藝術創作室主任，白城市攝影家協會副主席、顧問等職。係中國攝影家協會會員、中國民俗攝影協會會員、吉林省攝影家協會會員。名載《中國攝影家大典》《中國攝影家全集》《中國美術家人名錄》。有百餘幅攝影作品赴英國、法國、日本、加拿大、俄羅斯、韓國等國展出。有

▲ 攝影名人：谷學忠

多幅作品發表於《中國攝影》《大眾攝影》《中國攝影報》及大型畫冊，百餘幅作品獲獎。二〇〇六年由吉林攝影出版社出版《谷學忠攝影作品集》《百鶴風流》攝影集。

從一九八六年開始，谷學忠憑藉紮實的攝影功底，在各級各類攝影大賽中屢獲殊榮。一九八六年作品《冬捕》獲吉林省第十一屆攝影作品展三等獎；一九九一年作品《泉》獲第一屆六省市群藝館系統攝影作品展二等獎；一九九二年《冬捕》獲第十六屆亞太地區攝影比賽優秀獎；一九九七年《辛勤之後》獲日本與中國東三省攝影藝術展覽三等獎；二〇〇〇年，《草原新貌》獲迎十七大攝影藝術展三等獎、《冬戀》獲第二屆東北亞書畫攝影大賽銀獎；二〇〇八年《夕陽鶴舞》獲吉林省第十八屆攝影藝術展優秀獎；二〇一〇年《母子情》獲東北大拜年攝影比賽優秀獎；二〇一一年《仙鶴圖》獲吉林省第十九屆攝影藝術展銅獎；二〇一二年，《夕陽鶴影》（四幅組照）獲第二屆東北亞書畫攝

代表作品展示：

▲ 攝影作品《冬戀》

▲ 攝影作品《同一首歌》

▲ 石雕作品《踏雪尋梅》

影大賽銅獎、《綠色能源》獲「天景杯」優美吉林美好環境攝影大賽銀獎；二
〇一三年，《鶴鄉四季》（四幅組照）獲第二屆東北亞書畫攝影大賽銅獎、《同
一首歌》獲二〇一三上海國際（郎靜山）慈善攝影大賽金像獎、《醉美向海》
（組照）獲最美向海攝影大賽藝術類金獎。

　　谷學忠還是中國美術家協會吉林分會會員、高級美術師，他的年畫作
品不僅在各級大賽中獲獎，而且其中的五十餘幅年畫作品還曾在一九七六
年至一九九四年十餘年間分別由上海、天津、黑龍江、寧夏、吉林美術出
版社出版發行。

濕地光影的記錄者 —— 趙俊

十幾年如一日，他在向海濕地拍攝了八十八種野生鳥，這些野生鳥中，有七種國家一類保護鳥。難能可貴的是，他還拍到了栗斑腹 和一百隻以上的大群白頭鶴、東方白鸛等珍稀瀕危鳥，留下了許多珍貴的資料照片。他就是通榆攝影家趙俊。

趙俊（1961年-　），吉林省通榆縣人。一九八〇年參加工作，一九八三年任七井子鄉副鄉長、一九九二年任原烏蘭花鄉黨委書記，一九九七年至二〇一一年先後任吉林向海國家級自然保護區管理局副局長、局長，二〇〇七年任通榆縣人民政府副縣長，二〇一一年成為中國攝影家協會會員，現任吉林省林業勘察設計院黨委書記。

一九九七年至二〇一一年在向海保護區工作期間，為生態科研和濕地保護創作了大量的攝影作品。近二十年來，先後榮獲第四屆關注森林文化藝術獎一等獎；二〇〇八年「健康的濕地、健康的人類」科普攝影展一等獎；中國國家地理雜誌社專題攝影賽金獎；人民日報社第一屆「公僕情懷」徵文活動攝影類一等獎；第二屆中國綠化博覽會攝影展品銀獎等數十種獎項。

▲ 攝影名人：趙俊

先後出版了《天生向海——趙俊鳥類生態攝影集》《家在向海——趙俊攝影作品集》《鴻雁捎書——向海濕地珍禽特種郵票集》。

二〇一二年七月，由吉林省委宣傳部、長春市人民政府、白城市

委市政府、吉林省林業廳、吉林省文學藝術界聯合會、吉林省旅遊局、吉林森工集團、吉林日報等八家單位主辦，由通榆縣委縣政府、吉林省林業勘察設計研究院、吉林向海國家級自然保護區管理局承辦了《家在向海——趙俊攝影展》。中央領導為此次影展撰寫了序言，吉林省省長巴音朝魯為影展題名。此次影展受到各大媒體及社會各界廣泛關注和好評，為吉林省生態攝影做出了巨大貢獻。

代表作品展示：

▲ 攝影作品《山寨鵲橋亦多情》

▲ 攝影作品《大地生機》

▲ 攝影作品《鶴舞奧運》

筆耕不輟的實力派作家 —— 丁利

二〇一〇年，他被吉林省作協安排到魯迅文學院學習深造；二〇〇七年和二〇一四年，他的散文集《遠去的村莊》先後榮獲中國作家金秋筆會著作類銀獎和吉林省第十一屆長白山文藝獎。他，就是丁利。

丁利（1963年- ），吉林省通榆縣人。中共黨員，大專文化，編審。曾在通榆任教師、通榆廣電局記者、主任記者、副台長、兼任縣文聯副主席、第一屆作家協會主席，現任白城市作家協會主席、《綠野》文學季刊主編。中國作家協會會員，吉林省作家協會全委會委員，中國散文學會會員，魯迅文學院第十四屆中青年作家高研班學員。

在通榆縣廣播電視和通榆作家協會工作期間，開創了幾個第一：創辦了第一個電視專題節目《鶴鄉大觀園》；主創的廣播電視作品《朱總理牽掛災區教育》《給總理捎個喜信兒》榮獲全國抗洪救災好新聞三等獎、吉林新聞獎特等獎；當選通榆縣第一任作家協會主席，創辦了通榆第一本文學季刊《風車》；策劃主編了通榆第一本教育文集《燭光歲月》、水利詩集《百年頌歌》、糧食文集《仙鶴迷戀的地方》。

二〇〇七年六月，丁利從通榆調到白城文聯工作，特別是二〇〇八年當選白城市第三屆作家

▲ 文學名人：丁利

協會主席。任《綠野》主編後，策劃舉辦了一系列大型文學採風和面向全國的徵文活動：二〇〇八年八月，策劃了改革開放三十年「321」杯散文徵文活動；二〇〇九年，策劃了「瞻榆杯」全國徵文大賽活動，主編出版了國慶六十週年獻禮叢書《古榆歲月》一書，策劃實施了白城作家「走基層看變化」系列採風活動；二〇一一年，舉辦了中國共產黨成立九十週年第二屆「321」杯散文徵文大賽及作品研討會；二〇一二年，策劃啟動了「草原杯」全國徵文大賽和「嫩江灣」杯全國生態散文徵文大賽活動，提升了白城在全國的影響力；二〇〇四年，四十萬字的報告文學專著《報導總理的小城記者》由吉林人民出版社出版發行，榮獲第二屆白城政府文學獎銀獎（金獎空缺）。

二〇一一年七月，丁利的散文集《遠去的村莊》再版發行，得到陳忠實、張笑天、施戰軍等文學名家的一致好評。在北京的一二〇天，丁利成為第一個以魯迅文學院為背景創作完成散文隨錄《魯院日記》一書的人，開創了魯迅文學院建院六十週年學員創作之先河。二十年來，他創作文學作品一百餘萬字，百餘篇散文作品在《人民日報》《中國作家》《作家》《散文選刊》《文藝報》等報刊選發，連續多年在全國散文大賽中獲獎。《親情樹》榮獲《散文選刊》首屆全國情感主題散文大賽「親情」類一等獎；《我的郵局》榮獲北京全國散文大賽特等獎。二〇一三年十一月二十三日，由《散文選刊》雜誌社、《青海湖·自然人文版》編輯部共同主辦的二〇一三年中國旅遊散文創作年會高峰論壇暨「紅高粱之約」第二屆全國人文地理散文大賽頒獎會在莫言的家鄉山東省高密市舉行，丁利的散文《遊船般的祖宅》以質樸的語言、獨特的風格、濃厚的情感榮獲特等獎。

▲ 丁利散文集《遠去的村莊》

代表作品展示：

遊船般的祖宅

父親尚清晰的記憶，像一條逆流行駛的船，一浪一浪撞擊我的心岸。我有幸接過父親記憶的竹篙，在遠古的小船上，一邊用力劃行，一邊思索著一個普通家族的興起和衰落、輾轉和歇息，並欣賞著兩邊獨特的景緻，或荒蕪或蓊鬱，或野蠻或柔情，或恐懼或安逸……

一個個不定位祖宅，像河上漂泊的一葉孤舟，或東或西，或快或慢，或逆或順，在時光的水流裡變幻著位置。

奶奶說這都是命，命中注定的變遷；爺爺說那是奔命，人來世上就得四處奔波。

家的起源，山東登州府海陽縣，至今尚未光顧過，甚至連做夢都沒有夢見過山東海陽。那是個什麼地方，爺爺沒有一點回憶，因為太爺也不清楚，家族什麼時候遷移北大荒的。

爺爺出生於吉林省懷德縣八家子鎮的曹家房屯，很小的時候父母就病故了，成了孤兒的爺爺，是我祖太奶把他養大。八歲時，也就是一九一二年（民國元年）爺爺和他奶奶及叔伯大哥、大嫂、二哥、四弟（爺爺排行老三）等一大家子十幾口人，在兵荒馬亂中逃荒來到開通縣八面山昭村小太平川屯落腳。當時是房無一間地無一壟，爺爺和幾個堂兄弟靠開荒耕種來維持全家人的溫飽。

一九二一年，十七歲的爺爺隻身去懷德老家，經過幾天幾夜的步行，把自小和他定親的同村同歲的奶奶接過來完婚。當時是借人家的房子，因人口多房屋窄，新婚的爺爺、奶奶只好住在新搭的北炕上。就在這北炕上，奶奶由於離別家鄉，急火攻心，一隻眼睛失明了。一九三五年，在曹老爺窩堡住宅的附近，當地有個叫于萬林的人通風告信，同義勇軍一起偷襲了小日本的大板車（汽車），打死打傷多人後，用汽油把大板車燒掉，于萬林被迫全家連夜搬走。奶奶目睹此慘景，又過度恐懼，加之爺爺的胳膊又被「鬍子」打傷致殘，

她的另一隻眼睛也失明了。

這年奶奶三十歲，我父親還沒有出生。回憶起來父親傷感至極：「你奶奶三十五歲時生的我，她是摸著我長大的，到死也不知道老兒子長啥模樣，我結婚第二年就搬走了，我一生欠母親的太多了！」

大約一九三三年，由於老輩居住的地方小太平川人煙稀少，常受土匪的偷襲，生活很不安寧，哥幾個坐下來一商量，決定分家各奔東西，找一個安全的地方居住。就這樣，爺爺帶著全家由小太平川屯搬到八面鄉自強屯南的曹老爺窩堡落了戶。如今我家的墳塋地就在那裡。爺爺的三個堂兄弟幾經遷移，大爺到乾安縣德子井落腳，二爺、四爺在前郭縣東川頭紮根。

那時天下烏鴉一般黑，搬到哪裡也不安寧。一次爺爺下田鏟地，自家一匹馬在地頭草甸子上吃草。突然闖過一個人，在光天化日之下，解開馬的韁繩，騎上去順著大道一溜煙地跑了。爺爺沒追上，報告了村公所，也沒有找到馬的下落。那時的一匹馬，就是我們家大半個家底啊。

說起馬的故事，那是一九四七年土改時，由於我先方大娘一個親屬在公眾場合，懷疑我們家藏有鬍子的財物，不管爺爺怎樣解釋，農會還是強行牽走了我家的一匹馬，並給我家劃為中農成份。

這兩匹馬的失去，在家族輾轉遷移中，均屬大的事件。

無情的歲月，給祖宅安上了奔波的車輪，就像移動車，載著前輩，在風雨飄搖中行駛。

一九三七年，我們祖宅已遷至八面鄉宏大村大泥哈格北的德本套寶屯，一九四一年一場洪水，小屯被淹。一九四二年正月，爺爺趕著馬車，車上坐著我大伯、大姑、老姑，奶奶懷裡抱著四歲的父親。大板車在冒煙的鹼道上行走，前面是荒漠的草原。幾經磨難的爺爺，已在搬遷的滄桑歲月中真正成長起來。爺爺回頭望望車上坐著的妻兒老小一家人，他在想，還得漂泊幾時，才能有安穩的家呢？這時，刮臉的小雪又下了起來，打在爺爺那剛毅的臉膛上。他舉起馬鞭大聲吆喝一聲，馬加快了前行的腳步……

一路北上，祖宅再一次遷移，那就是如今的八面鄉四平山村，對我們來說，那是祖輩創下的真正老宅，二十年後我出生在那裡。

老宅，祖輩們先是建成的兩間西廂房，隨後又蓋正房，置辦車馬，有了自己的耕地。

這一落腳，就是六十個春秋。大伯、父親先後在老宅裡娶妻生子、成家立業。不幸的是大姑，十九歲那年患病早逝，當時已和東郎的老吳家訂了婚，可惜沒等結婚就香消玉殞了。如今大姑要是活著的話，已經八十五歲了。

老宅裡兒孫滿堂，爺爺彎曲著胳膊，捋著鬍鬚，把奔波的欣慰寫在心裡；奶奶雖說雙目失明，可她用雙手撫育了一代又一代人。

帶著幸福、含著微笑，一九七七年，七十三歲的奶奶走了，一九八二年，七十八歲的爺爺也走了。

那時我已當上了村裡的民辦教師，爺爺的眼神告訴我，你應該為祖輩爭光……

祖宅是什麼？是漂泊的船，乘風破浪、搖擺不定；是隨風漫撒的種子，命運吹到哪兒，哪兒就是開花結果紮根的地方。如今，我已搬到城裡，一個祖宅，已分出幾輩人十幾個新宅。我常想：沒有當年爺爺捨生忘死在風雨歲月裡掙扎和遷移，就沒有我們這一代一代人的繁衍和生息。

再過一百年，我們的晚輩還能理順出祖宅遷徙的路線嗎？還能知道我爺爺的名字叫丁祿嗎？我雙目失明的奶奶姓邢嗎？還能講出失去兩匹馬的故事嗎？

不知道？

所以我把它記錄下來，至少讓後代的後代對家族有個朦朧的輪廓。

或許哪個勇敢的小輩，也像我一樣，登上家族史的遊船，一路逆流而上，用更新的視角尋覓出祖宅奔移的痕跡！

那在地下，我將托美夢給他！

（刊發於二〇一二年十月二十六日《文藝報》）

在書卷與大地間行走的詩人 —— 葛曉強

二〇一四年三月，歷時半年之久的吉林省第十一屆長白山文藝獎評獎活動結束，經過專家們的多輪次篩選、論證以及媒體公示，葛曉強的詩集《向海湖，或星象之書》榮獲作品獎。

葛曉強（1973年- ），筆名葛筱強，吉林省通榆縣人。中國詩歌學會會員，吉林省作家協會會員，現任吉林通榆縣新聞記者站副站長。進行文學創作二十四年來，他創作的詩歌、散文、隨筆、書話等文學作品先後在《詩刊》《星星》《北方文學》《綠風》《詩林》《文藝報》《中國環境報》《吉林日報》《城市晚報》《寶安日報》、台灣《秋水》詩刊發表數百首（篇）。一九九一年榮獲《大河》詩刊主辦的全國詩歌大賽中學生獎（全國僅10名）；二〇〇五年獲白城市人民政府第二屆文學獎銀獎（金獎空缺）；二〇一〇年，散文隨筆集《夢柳齋集》由台灣秀威出版公司出版；二〇一一年，詩集《向海湖，或星象之書》由北京線裝書局出版；二〇一二年，散文隨筆集《雪地書窗》由四川出版集團天地出版社出版；二〇一三年，參加吉林省第八屆作代會。

在詩歌創作方面，當代先鋒詩人蔣藍評價說：「葛筱強在兩個詩性向度上盡情攤開自己：他因獨立而獲得的安靜，使得他可以比很多寫作人更縱深地進入大自然；而來自於對黑暗時局的冷眼斜睨，又促使他不得不把僅存的希望小心翼翼地牧放於以血液呵護的未來。前者，讓我聯想起詩人佛羅斯特筆下樸素、自在的山野；後者，卻是俄羅斯白銀時代的憂傷與雪

▲ 文學名人：葛曉強

夜的銳利得以漢語式地重現。葛筱強向外的視域擴張與內陷的思想深度是成正比的，一個詩人唯其置身於如此的張力當中，他的詩歌因此得到了暫時的解放。美國女詩人艾米莉‧狄金森說，如果讀一本書，它令人全身發冷，而沒有火焰能將其溫暖，這便是詩；倘若感到天靈蓋被猛然揭開而無法合攏，這便是詩。葛筱強找到了一把詩性的鑿子，在鑿開一隻豹的頭骨。」

在散文隨筆創作方面，著名作家伍立楊評價道：「葛筱強是一位遠在北國林海小縣中的讀書人，但他卻是新體書話的拓荒者之一，思考生命是其閱讀批評的恆久的命題。得益於經驗直覺的啟迪以及傳統思想的取精用宏，尤其是在思想方法上啟動了詩化的生命直覺，甚且感應到人類生命與自然混融的統一整體性，並在此基礎上，形成他自己獨特的自然生命觀。他以書話、隨筆作為文學手段，以大地山河作為人事背景，闡釋著自己的生命哲學。」

▲ 散文隨筆集《雪地書窗》、散文隨筆《夢柳齋集》，詩集《向海湖，或星象之書》

代表作品展示：

向海湖，或星象之書

之一：水

我要說的，是另一條河流，另一場大水
在科爾沁草原以東駐足，在月華之下
水中激湧雁影、魚群和不可命名的藻類
清晨或黃昏，我們站在草原之上
衣領陳舊而乾淨，落滿
往日時光和如水的歌謠

那是五月，哦，或者八月
北斗七星斜著憂傷的尾巴
風吹木窗，傳來青草的香味
以及野花的魅惑，和著夢中的節拍
把生鏽的門環敲打，一瞬間
蜜蜂的焦慮就占據了我們疼痛的內心

那是我們年輕的時候
心懷蒼茫但不知疲倦
我們說波濤翻滾，湖面就起了風
天空巨大如石，湖水瓦藍如布
我們在湖邊一角安靜地坐下
僅僅為了抵抗和逃避假先知

而這還遠遠不夠，從完整的睡眠中醒來
我們重新蒞臨這生長荒蕪和記憶的湖面
重新仰飲光中的雨水和千年歲月
就有浩蕩秋風攜著薄荷、麥芒和無邊的葦草
吹亂披垂的長髮和神示的光輝
像玫瑰，像古老的火種，懷抱隔世的姻緣

之二：雲

太陽之上漂泊的浮雲呵
眾神把你放在天上，從八方漂來
與夢想平行，與南飛的雁陣平行
秋風吹來，你又向四方而去
經過這湖水蓄積的草原，村莊是一條河
為你忽明忽暗的面容飽含熱淚

你端坐於眾人的頭頂，像一座座古老山脈
四十個黃昏拍打著年深日久的房門
草原上的榆樹林散發出迷人的香氣
浮雲呵，人的命運和水的波光把你餵養
把你放在群星之下，野花肚腹裡幽暗的祕密
就是柳條編成的籃子，細緻的紋路就是久違的心跳

而夢想就是河流，就是背負著太陽的名義
在黑暗中掌燈煮酒，點數早生華髮的王子
杏花落了菊花綻放，在漫長的生命旅途中
只有無上的詩歌在野狐的陣痛中誕生
只有雄壯的蒼鷹和高歌的雲雀振動著羽翼

和你一起，向著不可知的天際滑去

此刻，秋風陣陣，浮雲呵，你憂傷，你歡悦
你尖銳而又孤獨，媲美更美，拋卻疾病和死亡
手心裡緊緊攥著帶血的泥土、碎瓷和脆弱的迷茫
在天空中行走，在大地上行走，遺忘了水樣的月光
此刻呵，炊煙四起，暮色四合，晚歸的漁船降下了長帆
只有迷途難返的人兒在湖邊安臥，靜靜地把家園守望

之三：在路上

然後，我就在路上了，起程或歸來，不過是一種儀式
我木訥如佛但心醇似酒，雲的歌，水的笑，以及頭頂燃燒的
第九顆恆星，把蒲草水域和茫茫神州照耀並隱秘地收藏
雀噪和鴿哨，像數不清的野花，灑滿印有牛羊之唇的河道
……耳畔響起馬群的嘶鳴，淚光中奔跑的馬群，一如往日
沸騰的蹄聲越過灌木叢，在優美的民間牡丹般盛開

聽從母親哽咽的呼喚，我活在自身存在的強大之中
即使不動聲色，我仍要舉起銀質的杯盞，飲下感恩的光澤
在向海湖，聲音拓寬了空氣，葦葉拓寬了秋風，
幻想拓寬了星星的距離和朗朗月色。一萬次的詠歎之後，
圍著篝火跳舞的塵埃驅走了黑夜，沾在褲管上的露水
帶來了駁船上的汽笛和暸望塔刺向長空的黎明……

多麼遼遠和壯美！火焰燃燒著火焰，月光環抱著月光。
最早看見奇蹟的人將成為永遠的奇蹟
最早看見風景的人將被無邊的風景掩埋

拒絕時間飛逝和粗鄙的口語，拒絕墜落之姿和淺薄的譏誚
我逆著風，笨拙地走在時日漫長的路上
一任雪花打破燈籠，在日漸瘦削的肩頭紛紛揚揚

日暮鄉關。我仍在路上，白天和夜晚，悲傷和歡愉
在漆黑的樹葉間，在開花的腳印裡一一呈現。
頭頂是神聖的夢境，腳下是滾滾的雷霆
矢車菊金黃的召喚，輕輕吹響知更鳥的愛情
在星夜之上，在河水之上，在幸福的呢喃和尖叫之上
向海湖，我要把嘹亮的寂靜交給你，把燦爛的平息交給你

書寫荒原歷史的農民作家——管有貴

二〇一一年，通榆縣邊昭鎮農民管有貴的十三萬字的長篇小說《昨日荒原》創作完成，這是通榆文學史上第一部通榆縣農民拿起筆來寫自己家鄉的作品。

▲ 文學名人：管有貴

管有貴（1951年- ），邊昭鎮腰圍子村農民。幾十年裡，他孜孜不倦地進行著業餘文學創作。為了創作，他在一九八六年、一九八七年連續兩年參加了吉林省作家進修學院舉辦的函授創作學習班，並獲得了優秀結業證書。

長期以來，他創作的《鮮花印象》《春天》《螞蟻、燕子》《鄉村二題》《無題》等詩歌，刊登在詩詞書畫報上。二〇〇一年五月，散文《種大嗑》發表在吉林農民報上，二〇〇六年《風車》雜誌刊登了他創作的地方戲劇本《李二嫂趕集》，二〇〇九年在起點中文網發表了長篇小說《昨日荒原》，二〇一一年編輯了文集《古鎮豐碑》，由《綠野》雜誌增刊發表，文集包含了管有貴創作的傳記體小說《陶文斌傳》，與樊景寶、楊學東合作的報告文學《歷盡滄桑話邊昭》《邊昭保衛戰》《八冷昭大嗑》《西瓜王》《養羊帶頭人》和短篇小說《陶鄉軼事》。二〇一一年又創作完成了長篇小說《向海往事》，這是一部寫實體小說，上部為《乾隆訪向海》，下部為《古寺風雲》，小說從藝術的角度，填補了通榆縣的一段歷史空白。二〇一二年創作了報告文學《旱魔施虐話豐年》，刊登於《綠野》雜誌，並被評選為「草原杯」全國徵文優秀作品。

管有貴在熱愛文學創作的同時，也熱衷於美術創作，他創作的年畫《時刻掛在心間》曾獲得白城地區美展二等獎，年畫《草原之春》獲吉林省首屆農民

畫紀念獎，年畫《咱隊羊羔又豐收》等作品，曾多次參加縣美展。國畫《清廉》刊登於《詩詞書畫報》。

　　管有貴的文學藝術創作，得到了有關媒體的關注，二〇〇〇年四月二十日，他創作的二人轉《選親家》，被吉林電視台選用，《農村俱樂部》欄目著名節目主持人尹興軍率領欄目組，首次來到邊昭鎮腰圍子村錄製了專題報導《報春的小草》，並由著名二人轉演員胡長榮、王中興現場演出了《選親家》，五月十三日吉林衛視向全國播出。二〇〇二年九月他又和時任縣劇團團長王琨一起應邀參加了吉林電視台錄製的節目《東北地方戲》，與著名二人轉藝術家那丙晨、韓子平、閻學晶、杜鵑、苟麗華、王桂芬等一起，闡述了自己對地方戲的感受。二〇〇三年又再次應鄉村頻道的邀請，參加了在梨樹縣陳家村錄製的節目。

代表作品展示：

昨日荒原

認乾爹景兒避禍　驚睡夢常雲遭劫

　　二十世紀四〇年代，在平齊線上，火車駛出鄭家屯，再往北行進，車窗外儘是莽莽荒原，進了臘月，這是一年中最寒冷的季節，車窗玻璃上已經蒙了一層厚厚的霜，人們不時地用嘴哈開那霜，從巴掌大的透明裡，掠取著關東大地的冬日風光——那是一幅灰色的油畫，景象遼闊而色彩凝重；在那片無際的色彩裡，黃灰色是主色調，那是草原的冬裝；在那黃灰色的調子裡摻和著一片片、一道道寬窄不一的灰色，給那幅油畫增添了無限的生機—那是沙荒上茂密的榆林。冬日的原野給人最大的感受就是寧靜，然而遠方卻掠過了一片跳躍的荒火——一群野黃羊在奔騰。近處的草地裡也忽地捲起一片晚霞，竟遮住了陽光——一個野雞的家族在翱翔……

　　冬日的原野，遠看好像是一個平面的色彩，近前卻是蒿草如牆，雜樹蔽

日。車窗外偶爾閃過幾個、十幾個、二十幾個的小屯子，那些用鹼泥抹了外皮的房子，一小堆，一小堆的，隱隱約約就像趴在草木廊林的荒原裡。離開鐵路向西四十里，有個三十幾戶人家的小屯子——蒿子堆。

今天，屯子裡辦著一椿喜事：第二富戶的江中老漢，正忙著給兒子江明娶媳婦—鄰村喬老漢和兩個親戚，用一頭灰色的毛驢，馱著閨女景兒，趁著黎明前的黑暗，正朝著江家大院匆匆地趕過來。那毛驢四蹄杵地咚咚的響聲，使喬老漢悚然地心驚，好在蕭瑟的夜幕上已經出現了一片黑乎乎的江家大院，他這才長出了一口氣，伸手摘下已經結滿冰霜的氈帽，抹去鬢角淌下的汗水⋯⋯

江家宅院的四角上沒有炮樓，表明沒有矚目的家業。土坯砌的門樓上面，用高粱稈兒鋪了蓋，抹了鹼泥。簷下沒有喜字燈籠，兩扇油漆斑駁的木板門上，沒貼喜字，唯有短工王喜，把手縮在狗皮套袖裡，提著紅紙糊的燈籠，在門前來回踩著腳，忽然瞄著了喬老漢一行人，老遠就喜出望外地迎上去⋯⋯

「親家！快請吧，當家的候著呢」。王喜推開板門，頭前照著路。

院子不深，前邊一溜五間正房，兩邊各三間廂房，東廂房南面有兩個圓柱形的糧倉，西廂房是敞著半牆的牲口棚，一匹青馬、一頭毛驢拴在槽頭，牲口棚南面一輛鐵瓦木輪車支著車梯停在那裡。

「接親家！新人到啦。」隨著王喜的喊聲，從熱氣騰騰的房門裡跑出來一幫人，江中拉了喬老漢的手，江大媽和兒子忙從毛驢背上扶下景兒，眾人謙讓著進了屋，王喜則牽了驢，拴到槽上，填了草料。

雞叫三遍，東方的天邊發白了，江大媽叫過江中，「他爹，媳婦進了門，可要擱人瞭著點」。江中點點頭，讓王喜熄了燈籠，穿上白茬的老山羊皮襖，搬過梯子上了房。

天亮了，藍色的霧靄從屋簷下漸漸向後退去，騰騰的熱氣卻從門縫裡擁擁擠擠地搶奔出來⋯⋯

江家滿院子裡漂著油炸鍋時花椒特有的香氣。三三兩兩賀喜的人，向江家走來。這時，一個戴著狐狸皮帽子的人，在門前下了馬，一腳門裡，一腳門外

地嚷開了；「當家的呢！如此大事咋不見帖子，不是腿勤瞧朋友，日後豈不落了罵名。」

江中慌忙迎出來，見是鐵道東黃家大院當家的黃豐，比自己大幾歲，與蒿子堆邵家大院常有來往，與自己也有些茶飯關係。因世道混亂，大院當家的常有起早辦事的習慣。江中小跑著來到黃豐面前，「哎呀，哥哥光臨，蓬蓽生輝，不是兄弟不下帖子，我是疼酒的人嗎？哥哥知道的，這年月，哪敢張揚。」江中說著，讓人拴了馬，和黃豐牽手進了上房。

落頭忙的張羅著開席，炕上放了方桌，地上擺放了條桌條凳，賓客忙著入席，落忙的相跟進來，口裡喊著：「油著！慢回身。」就在這一片嘈雜聲裡，人們清楚地聽到了房頂上王喜大喊了一聲：「綹子劃過來了！」他的話音沒落地，就聽到「呼」的一聲槍響，子彈「吱」的一聲，劃過王喜的頭頂，王喜趕緊趴下身子，一溜小滾，抓住梯子，下了房……

掛了鐵掌的馬蹄刨擊著滿是冰凌的凍土，「咔咔」地一片脆響，幾十匹掛著白霜的馬馱著鬍子們，衝進了蒿子堆屯。人們沒有過分的慌張，這些年，這樣的事經著也不是一回兩回了。做菜的師傅叫常志和，本屯的農戶，四十幾歲的年紀，他麻利地在肉案上抓起一條豬腿，塞進了泔水缸裡。滿屋子裡的人最惶恐的是景兒，她懷裡摟著唯一的小包袱，不知藏到哪裡好，情急之下，被江大媽塞進了潑過水的灶膛裡。

「遛連子！遛連子（匪話、遛馬）！」院子裡，鬍子一片聲地吼著，「他媽的！當家的死哪去了啊！」江中被帶到大櫃（鬍子頭）跟前，抬臉一看，正是梁魁！在邵家大院裡見過。他趕緊上前叫了一聲：「兄弟，」「啪！」一聲脆響，一個耳光扇在了他的臉上，「兄弟！什麼他媽的兄弟，這麼大的事咋沒請兄弟們？」

「匆忙，匆忙……」江中結結巴巴地支吾著。

「哼，別他媽的白話了！給爺太們備飯，打間，凍了一宿了！」梁魁穿著靰鞡的腳把地踩得咚咚響，貉殼帽子的毛針抖動著。

「一定一定，請兄弟們入席、入席。」江中連聲應承著，吩咐著……賓客們被趕出了屋子，鬍子們爭搶著上了席……江大媽哆哆嗦嗦地來到江中跟前，悄沒聲地拉了他一把，六神無主地說：「我看梁魁老是斜睨著景兒，怕是揣了歹毒心眼，還不趕快催人去看看邵四爺出門回來沒有哇？」

「這還等你想著，王喜早跑了兩趟了。」江中心慌意亂地說。

就在這時，只聽「啪嚓」一聲，一個鬍子把一鍋高粱米飯，連鍋一起摔到了當院，「打發要飯的呢，啊！看清了，這是幫爺太！給這個吃，重做！漂洋子，漂洋子（匪話，餃子）！」鬍子一片聲地叫喚起來，哄聲中伴隨著「喊哩喀嚓」砸盆摔碗聲。江中臉色蠟黃，無奈地顫抖著手，只好吩咐人和麵包餃子……

（長篇小說《昨日荒原》節選）

通榆聯壇的奇葩——劉鋒

二〇一一年，在浙江海寧舉辦的「普法杯」全國徵聯活動中，一位名不見經傳的東北花甲老人榮獲一等獎，不禁讓人拍手稱奇，他就是來自吉林省通榆縣的劉鋒。

劉鋒（1947年- ）筆名曉峰，曾用號珍豐堂主，中共黨員，畢業於白求恩醫科大學。曾任通榆縣醫院副院長，通榆縣衛校副校長，高級專業職稱。中國楹聯學會會員，中華對聯研究院研究員，吉林省楹聯家協會理事，《吉林楹聯》編委，白城市詩詞楹聯家協會顧問，通榆縣老年詩詞書畫研究會副會長，通榆縣楹聯藝術家協會主席。

楹聯作品已分別載入《中國楹聯二十年作品選》《中國楹聯學會會員大典》《吉林當代楹聯作品選》。在全國及全省徵聯活動中多次榮獲二等獎和三等獎。

有六副楹聯入選《2011年中國聯壇百家聯作精品選》，並製成中國郵政二

▲ 文學名人：劉鋒

○一二年、二○一三年元旦有獎明信片。在二○一三年全國百詩百聯徵集大賽中，有五副楹聯被評為最佳人氣獎。

作品多次在《北京楹聯》《三秦楹聯》《吉林楹聯》《東坡赤壁楹聯》《中國楹聯報》《吉林日報》《甘肅廣播電視報》刊發。在中楹會舉辦的《聯律通則》研討會（班）上，獲得前五名。

《劉鋒楹聯網》和《時代楹聯》的訪問量已超過五十萬人次。《劉鋒網路楹聯》一書正在編輯中。

代表作品展示：

題贈吉林省通榆縣培智學校

傾丹忱碧血，永布仁風撫稚心，宏宏乎大愛無疆，真情有序；
享惠意慈恩，勤承德雨開生面，倖幸也雄鷹貫日，秀木參天。

慶祝中國共產黨誕生九十週年

九十年歲月崢嶸，最歸功熠熠紅船，輝輝北斗；
數萬里山河壯麗，當喝采昌昌特色，燦燦新程。

題中國向海AAAA級旅遊景區（通榆）

慕西湖，幻其容：橋堤泛翠，塔寺涵光，風梳紫竹，
雨潤青山。最傾心碧水幽潭，平湖秋月，月印三潭影；
身居北漠，游此地：徑野疊花，楊溪寄色，草掩紅牛，
冰妝黑土。須縱酒蒼鷹靚鶴，瀚漠晨榆，松篩百鶴聲。

小城裡的音樂創編人 —— 牛志德

二〇一三年，在吉林省第六屆二人轉戲劇小品藝術節中，通榆縣選送的拉場戲《死去活來》榮獲作曲一等獎，該部作品的作曲者就是牛志德，而這也是他第四次參加該項藝術節賽事，在這一賽事中他共收穫七項殊榮。

牛志德（1955年- ），吉林省通榆縣人，蒙古族，大專學歷。中共黨員，國家一級作曲，白城市音樂家協會副秘書長。一九七二年參加工作先後擔任通榆縣劇團樂隊板胡領奏、樂隊指揮、樂隊隊長、副團長，二〇〇四年調入縣戲劇創編室，從事專業音樂創作工作。

從事創作多年來，牛志德深受東北地域音樂的影響，後又進入音樂學院深造學習並深入研習西方音樂。在音樂創作中他以美為中心，貼近原創歌詞內涵，曲調既有古典音樂之美又融合了東北民族風格，作品大多節奏鮮明，歡快

▲ 音樂創作名人：牛志德

代表作品展示：

大写鹤乡

男声独唱

孙洪君 作词
牛志德 作曲

1=F 2/4

♩=86 深沉 富有表情地

6 7 1 2 3 4 5 ‖ 6·6 i 6 | i — | 7 65 | 6 — 6·6 i 6 | i —

2 i 2 3 — | 2·2 i 7 5 3 76 6 — | 6 —) 6·6
PP 庶 政

3 35 2 2 i 6 6· — | 22 12 6 54 3 —
纷 繁 忘 夏 春 不 堪 忧 道 又 忧 贫

3 — 6·6 i 6 2 13 2 — 33 55 5 076
富 民 哪 得 稍 停 脚 兴 县 何 曾 敢 息

6 6 — 6·6 i 6 i — 7 65 6 (6712345) — 6·6 i 6
身 虎 跃 龙 骧 人 接 力 风 升 水

i — 7 65 3 — 6·6 i 6 i — 2 i 2 3 —
起 梦 成 真 难 能 生 态 洪 波 涌

7·7 76 5 376 6 — 6 (6712345) — ‖ 2 — i 2 3 —
万 里 晴 开 鹤 唱 新 洪 波 涌

3 — 2·2 i 7 5 3·3 — 3 7·6 6 — 6 —
万 里 晴 开 鹤 唱 新。

6 — 60 0 ‖

美丽的通榆我深深地热爱你

（通榆县县歌）

邓桂侠 作词
牛志德 作曲

1=B或F

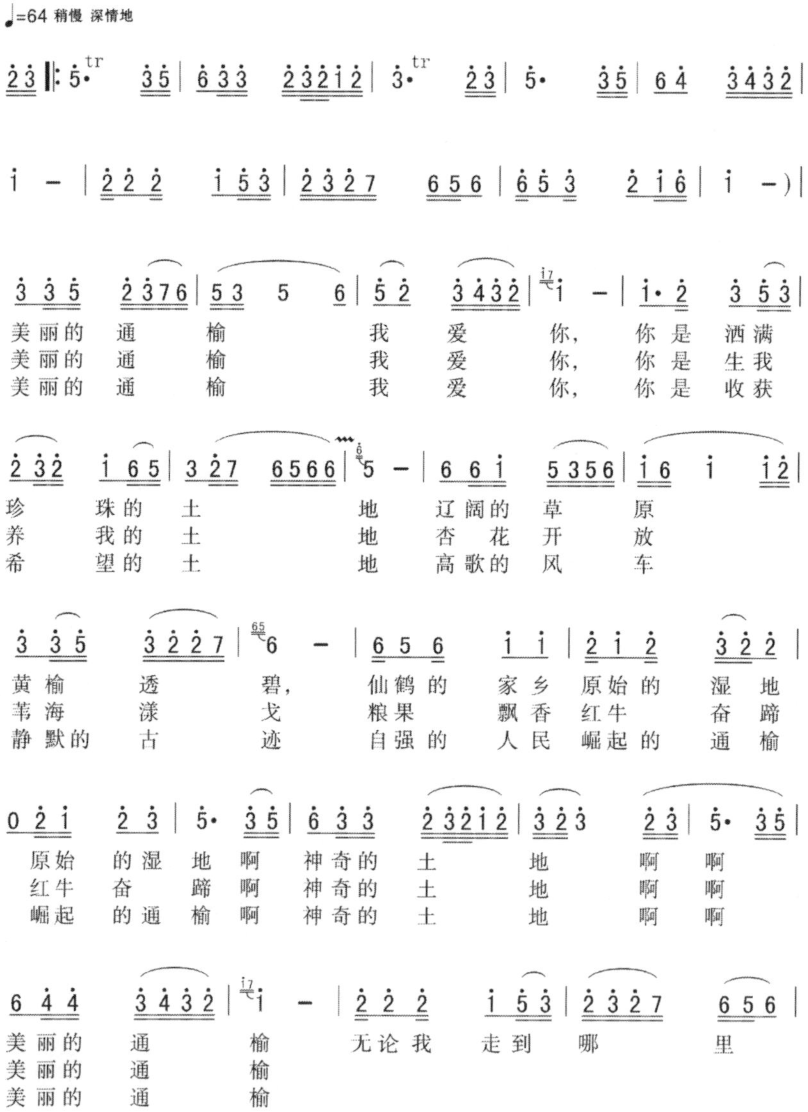

0 6 i | 7 7 2 | 6 5 6 6 | 5 | 6 5 3 | 2 i 6 | i· (2 3:‖
我都　深深地 热爱　你　深深地　热爱　你　　　CD

0 6 i | 7 7 2 | 6 5 6 6 | 5 | 6 5 3 | 2 i 6 | i· 2 3 | 5· 3 5 |
我都　深深地 热爱　你　深深地　热爱　你　啊，

6 3 3 | 2 3 2 1 2 | 3 2 3 | 2 3 | 5· 3 5 | 6 4 4 | 3 4 3 2 | i － |
神奇的　土　地　啊　美丽的　通　　榆，

2 2 2 | i 5 3 | 2 3 2 7 | 6 5 6 | 0 6 i | 7 7 2 | 6 5 6 6 | 5 |
无论我　走到　哪　里　我都深　深地热 爱　　你，

〔漸慢〕　　　　　　　　　　　　〔更慢〕
0 6 i | 7 7 2 | 6 5 6 6 | 5 | 6 5 3 | 3 2 2 i 6 | i － ‖
我都　深深地 热爱　你，深深　地热爱　你。

流暢，自由奔放，頗受大眾的青睞。自一九九二年到一九九八年，他的作品在吉林省第十一屆至第十四屆二人轉、戲劇、小品藝術節上分獲大獎：拉場戲《二秘書幫廚》獲音樂配器優秀獎，拉場戲《常來客》《貴婦人推磨》、《傻柱子接媳婦》分獲作曲三等獎、二等獎、一等獎，二人轉《向海魂》作曲二等獎。

跨入新千年，牛志德依然筆耕不輟，繼續譜寫著他心中的歌，並收穫著一個又一個殊榮。二○○二年，在吉林省第一屆二人轉戲劇小品藝術節中，拉場戲《算命求偶》和拉場戲《打是親罵是愛》均獲作曲一等獎，二人轉《齊王拉馬》榮獲作曲二等獎，在接下來的吉林省第二屆、第三屆、第六屆二人轉戲劇小品藝術節中，他的作品單出頭《除夕夜》、二人轉《狐狸圍脖》、拉場戲《死去活來》分別榮獲作曲一等獎，二人轉《蔡鍔與小鳳仙》榮獲作曲二等獎；二○一○年，在「寶泉嶺杯」東北三省曲藝大賽中，二人戲《貴夫人推磨》榮獲作曲一等獎。

情繫關東的戲劇創編人 —— 孫玉林

　　二〇一三年，在吉林省第六屆戲劇小品藝術節中，通榆選送的拉場戲《死去活來》《新任樓長》《摔瓜》，二人轉《紅臉白臉》《太后吉祥》《蔡鍔與小鳳仙》，分獲三個一等獎、兩個二等獎、一個三等獎，而讓人驚嘆的是這些劇目的創編同出一人之手，他就是孫玉林。

　　孫玉林（1963年-　），出生在通榆縣雙崗鎮長青村寶龍山社。高中畢業，務過農，經過商，教過書，當過編輯。二〇〇四年七月參加工作到戲劇創編室至今。國家二級編劇，現任戲劇創編室主任、縣十一屆、十二屆、十三屆政協委員，吉林省戲劇家協會會員，白城市作家協會理事。

　　自上個世紀八〇年代以來，有多篇詩、文見諸國家、省、市報端（文學刊物）。孫玉林的詩歌創作早期受古典詩歌影響較為凸顯，二十世紀後期，認真研習了西方現代詩歌的寫作特點，詩歌風格有所轉變。其中一九八五年創作的散文詩《青春在燃燒》獲《青春》月刊徵文二等獎；一九八九年創作的中篇小說《將軍河下的青苔》獲《山花》月刊徵文一等獎；一九九二年創作的詩歌

▲ 音樂創作名人：孫玉林

▲ 《死去活來》劇照

《望星空》獲《遼寧青年》月刊舉辦的「詩歌擂台賽」銀獎;一九九五年創作的詩歌《收割後的田野》獲當代詩人雜誌社舉辦的「跨世紀詩人筆會」二等獎;一九八九年創作的散文《外公》獲《萌芽》月刊徵文提名獎;一九九九年創作的詩歌《三月三》獲《關東文學》舉辦的「家鄉情」徵文一等獎;二〇〇三年創作的詩歌《崢嶸歲月》獲《吉林日報》建黨八十二週年徵文二等獎。

孫玉林亦擅長散文創作,因受「桐城派」散文影響,行文雋永雅緻,語句熨帖,文脈暢達。二〇〇五年創作的拉場戲《門診小夜曲》獲「世紀大採風」二等獎;二〇〇八年創作的歌詞《杏花戀》獲文化部中國第五屆群眾創作歌曲大賽金獎;二〇一一年創作的拉場戲《武松打狗》獲吉林省第五屆藝術節編劇二等獎;二〇一三年小品《賴賬》獲「第八屆全國戲劇文學獎‧小型劇本銅獎」;話劇《傲雪紅梅》獲全省廉政文化「五個一」精品創作工程廉政曲藝節目類一等獎。孫玉林的小說創作受孫犁、沈從文、汪曾祺小說的薰陶,敘述語言風格淡雅而又委婉。結構簡單而又時時關懷人生和現實生存的無奈。戲劇創作,唱詞文雅優美,故事曲折,貼近生活,為世人喜聞樂見。

代表作品展示：

死去活來（拉場戲）

時間：現代

地點：二哥家

人物：院長，四十多歲，某敬老院院長

　　　二哥，五十多歲，腦血栓後遺症患者。

　　　二嫂，五十多歲，二哥妻

　　　〔幕啟。二嫂上。

二嫂：啟奏皇上，該用膳了。

　　　〔二哥上。

二哥：愛愛愛愛妃，吃啥啊？

二嫂：你不吃蒜不吃茄子，專吃蒜茄子。

　　　你不吃土豆不吃醬，專吃土豆醬。

二哥：這兩個菜我都愛吃。吃飯前還沒搞活動呢。

二嫂：對了，你看我們老兩口子一天三頓飯，飯前都得唱段二人轉。

二哥：別看我們老兩口子日子過得窮，歌舞昇平。

二嫂：老頭啊，你現在就是楚霸王，你把那胸脯挺起來。我就是那姬——

二哥：虞？

二嫂：虞姬，我給你唱段《霸王別姬》。（唱——）愛恨兩茫茫，問君何
　　　時戀——

二哥：整錯了，楚霸王和楊貴妃不認識吧？

二嫂：整錯了，愛妃敬皇上一杯。

二哥：朕……朕可樂呵了。

二嫂：幹！（唱）我真的還想再活五百年。

二哥：（唱）再活五百年。

〔院長上。

院長：二哥二嫂。

二嫂：院長，你咋來了呢？敬老院裡能撒開手嗎？

二哥：吃飯，坐下吃飯。

院長：哪有心思吃飯啊，我來求你們一件事。

二嫂：啥事啊？

院長：你坐下，聽我說。我對你們兩口子好不好啊？

二嫂：你對我們多好啊！你讓我們兩口子給你們敬老院看菜地，我們這小
　　　窩棚就是皇宮。他是皇上我是愛妃。

院長：我對你們這樣好，我有難處能不能幫我？

二嫂：看你說的，那咋不行呢。啥困難？

院長：今天你們兩口子得死一回。（二嫂嚇得坐地上）

二哥：幹什麼啊院長，我們兩口子還想再活五百年。

二嫂：院長，不帶這麼玩的，也太狠了。

院長：二嫂，你聽我說。

院長：（唱）我們關係好不好？

二哥：（接唱）我們的關係一塊鐵板鐵板一塊鐵板絕對沒有挑。

院長：（接唱）最近兄弟我著急上火滿嘴起大泡，

二嫂：（接唱）有啥為難遭災你對我們學。

　　　（白）別把我們整死啊！

院長：（接唱）去年院裡報死亡人數我把你倆報，

二哥：（接唱）我們不是你們院裡人因為哪一條？

院長：（接唱）報病亡給補助錢數還真不少，

二嫂：（接唱）這麼說我們倆成死人你好把錢撈。

二嫂：（唱）你啥時候把我們整死的我們都不知道，

　　　我們倆大活人沒病沒災一蹦三尺高。

　　　我看你倭瓜大的膽子可是真不小，

　　　為得補助都能想出這損招。

院長：（接唱）院裡經費不足我年年都得要，

　　　我尋思弄倆錢貼補絕對沒有揣腰包。

二嫂：你是為了院裡爭取資金，你也不能把我們兩個大活人整得命歸陰。

　　　剛才俺兩口子唱，我真的還想——

　合：（二哥二嫂）再活五百年。

院長：我不是讓你們倆真死。

二嫂：不是真死啊？

院長：真死我不得發送你們倆嗎？就是給你們倆擺個姿勢，拍個片，照個

　　　相，往縣民政局一送，就ok。

二嫂：那片就像拍電視劇似的？那你早說啊。來，老頭。

院長：別動。不行，我開拍了，為了表現真實性，我得說幾句。我說你咋

　　　還了呢。

二嫂：你這咋 得澇的呢？

院長：別動，我這不是對死者的尊重嗎？（二嫂笑）你笑啥啊？

二嫂：院長，你這抽的抽的好像老娘們似的，哪像老爺們啊！你看你那嘴

　　　撇的。

二哥：像腦血栓。

院長：誰腦血栓啊！

二嫂：你還說人家呢。

院長：（唱）我的鐵二哥我的鋼二嫂，

　　　你們一生多辛勞。

　　　忠厚老實心眼好，

人人誇你品德高。

黃泉路上無老少，

好人命短竟折天。

想二嫂夜晚沒有一點覺，

想二哥白天只吃飯一勺。

屈指算來半個月，

兄弟我足足掉了十斤膘。

二嫂：停！院長，你也太能白話了。你這幾天都胖成啥樣了，還掉十斤膘
　　　呢！

二哥：都公款吃的。

院長：坐下，你們倆能不能不攪和，好容易培養的感情讓你整沒了。這錄
　　　的，這片還能用嗎？我也不是演員，我整這樣容易嗎？

二嫂：院長，這樣說不行，你得整點具體事。小時候的事情你多說點。

　　　（唱）還記得西河溝子去洗澡，

　　　不會游泳競狗刨，

　　　不大一會沉了底，

　　　沒二哥我小命早報銷。

　　　救命之恩難回報，

　　　我的鐵二哥啊我的鋼二嫂，

　　　小弟我一生一世把你們掛心梢。

　　　黃泉路上你們要走好，

　　　逢年過節兄弟一定把紙錢燒。（院長三鞠躬）

二嫂：完了？還沒演夠呢。

院長：拍完了。

　合：（二哥和二嫂合唱）我真的還想再活五百年。

院長：我說你們倆到底誰有病啊？（收拾機器）好好活著吧！（拿出一百

元）就算精神補償吧！走了！

二嫂：咱倆就算是死過一回的人了？

二哥：人不是固有一死，或重於泰山，或輕於鴻毛。（收錢）咱倆就只為這一百元錢就死一回，是泰山還是鴻毛？

二嫂：是扯淡，這院長也太能造假了。

二哥：他這麼幹不都是為了敬老院嗎？吃飯吧。

二嫂：這是飯嘛，這不是供嗎？

二哥：嗯哪，整的掃興，愛妃，別生氣，朕給你唱，繼續歌舞昇平。（兩個人唱小曲）

院長：二哥二嫂！

二嫂：院長，你咋又來了呢？

二哥：還得死一回啊？

院長：別死了，馬上得活過來。

二嫂：咋個活法呢？

院長：替兩個已經死去的人活著。

二哥：借屍還魂哪？

院長：別說那麼瘮，是這麼回事，院裡有兩個老人已經死了三年了。為了爭取經費，我沒報他們死亡，現在上面要來檢查了，你們得頂著。你叫吳有才，你叫魏麗珠，一定要記住。

二嫂：院長，不對吧，我們剛死亡的那個錄像都放出去了，你現在讓我們兩個活過來，不是穿幫嗎？

院長：你說對的，這個我早有準備。（院長給二哥二嫂化妝，給滑稽的音樂）你們坐著，拿著。（二嫂一手拿一個水果，二哥拿一個香蕉，院長調焦）各位領導，我身後的這兩位老人，一位叫吳有才，一位叫魏麗珠，他們在我們敬老院已經生活了多年，現在身體都很健康。兩位老人最喜歡吃的就是水果，啊，你看都吃得水靈靈的，

（回頭偷偷告訴老人）吃！兩位老人雖然年逾古稀，依然神采奕奕。這都是黨的好政策給他們的關懷和哺育，使他們有決心活下去。下面就請兩位老人說上幾句。說啊！（二嫂走進鏡頭）別走了。

二嫂：我叫，我叫什麼了？

院長：魏麗珠。

　　〔二嫂怯生生的感覺

二嫂：我叫餵的豬。（二哥偷偷笑）我在敬老院旁邊看菜地。

院長：不對。別說看菜地。

二嫂：我在敬老院裡不是看菜地，我在敬老院裡唱大戲。這是我老伴，我管他叫皇帝。

院長：不能說是兩口子。

二嫂：我們不是兩口子，我是他小秘。這塊掐了，重錄。我叫餵的豬，我不在敬老院旁邊看菜地，我們不是兩口子，我是唱大戲的，也不是唱大戲，反正我就愛樂呵。院長對我們可好了，關心，照顧。

院長：（拿著錄像機走到二哥跟前）開始。

二哥：我叫吳有才，他們說我死了三年多，我還活著。

院長：你說啥呢。我刨死你！你這麼說不是全漏了嗎？

二哥：剛才你不是這樣說的嗎？

院長：我能說，你能這樣說嗎？

二嫂：你告訴他咋說，他能說就不錯了。等會開機。唱啥啊？

院長：你們就是歌頌社會歌頌黨，黨的恩情不是哺育你們茁壯成長嗎？

二嫂：那行。（二哥二嫂一替半句）

　　　　我們倆生活在敬老院，

　　　　不愁吃也不愁穿。

　　　　黨的關懷送溫暖，

政府處處照顧咱。

唱歌跳舞還搞黃昏戀，

寫情書會情人情意綿綿。

學雷鋒紀念日領導把咱看，

一撥一撥搞衛生都是共青團。

又洗頭又洗腳一天整了好幾遍，

又錄像又攝影眼睛晃嬌蘭。

我們的生活幸福美滿老有幸福感，

我真想真想我真的還想

合：再活五百年。

院長：太好了。（把儀器裝起來，把蘋果和香蕉都取回去拿起來）二哥二
　　　嫂，你們倆就是我敬老院的鐵桿替補隊員。（拿出一百元）

二嫂：又給一百。

二哥：現在時興第二職業嘛。

二嫂：就這樣掙錢沒有理由，我怎麼感覺像耍猴。

二哥：要不咱把這錢給他送回去？

二嫂：我估摸他一會還得來。

二哥：那他再回來是讓咱倆死還是活？

二嫂：他讓咱倆死也不怕，就怕他一會回來讓咱倆半死不活地咋整。

　　　〔院長上。

院長：（內）二哥二嫂！

二嫂：這框子又拿回來了，是不是又讓我倆死啊？

院長：你們倆必須馬上得死，我剛把錄像傳到省裡就漏兜了，上面要來檢
　　　查，我就說吳有才和魏麗珠是剛剛死的。

二嫂：院長，我有話說。

（唱）

院長你做事太沒譜，

左一出又一出純粹是三千鬼畫符。

把吳有才變成我老伴，

把我變成魏麗珠。

上午送上黃泉路，

下午送進黃金屋。

你變著法的蒙政府，

我咋尋思咋覺得不舒服。

你這麼幹肯定不對路，

我們兩口子替你犯嘀咕。

上邊讓你當幹部，

你腦瓜千萬別糊塗。

領導不是二百五，

（白）你要是整漏兜了，

你這小官肯定往下擼，

到時候你不是假哭是真哭。（二嫂把框子都套在院長的脖子上）

院長：（接電話）喂，啊，啊，啊，知道了，我馬上就到。

二哥：我們是死還是活啊？

二嫂：院長，你說話啊。

院長：別叫院長了。（坐在地上）

二嫂：擼了？

二哥：完了。

〔三人謝幕，幕落。

演藝舞台上的菁英——劉文紅

二〇一三年九月，在吉林省第六屆二人轉戲劇小品藝術節中，通榆縣選送的拉場戲《新任樓長》榮獲表演一等獎，戲中一位極具東北潑辣性格的「女樓長」得到了評委們的一致好評，她就是劉文紅。

劉文紅（1966年-　），吉林省通榆縣人，國家一級演員，吉林省白城市戲劇家協會理事，中國共產黨黨員。一九八一年至一九八三年在通榆縣同發中學任教，一九八三年至今在通榆縣劇團工作。

一九八三年至今，從事藝術工作三十餘年，塑造的人物形象幾十個，從十幾歲的小孩子，到九十來歲的老母親等，這些形象各異、年齡不同、性格不同的人物形象，給廣大觀眾留下深刻印象。二〇〇三年，劉文紅參演的話劇《春寒驚雷》走遍了大江南北，演出二百餘場，場場贏得觀眾最熱烈的掌聲。二〇一三年，由劉文紅主演的《新任樓長》參加了第六屆二人轉戲劇小品藝術節，並獲個人表演一等獎。三十年來，她對藝術精益求精，多方吸取藝術精華，努力提高藝術水平，她不僅能在舞台上塑造各種人物形象，還能以較高的水平演唱京劇、評劇等。

一九九九年十月二十六日，在白城市慶祝建國五十週年紀念抗洪搶險勝利一週年文藝匯演中，參演的《朱總理來到我們中間》榮獲一

▲ 戲劇名人：劉文紅

等獎；一九九四年，在吉林省第十二屆二人轉新劇目評獎推廣會暨第二屆戲劇小品大賽中，表演的拉場戲《常來客》榮獲表演獎二等獎；一九九八年五月三十日，在吉林省第十四屆二人轉新劇目評獎推廣會暨第四屆戲劇小品比賽中，表演的拉場戲《傻哥傻》榮獲表演二等獎、綜合一等獎。

代表作品展示：

▲ 《新任樓長》劇照

▲ 《春寒驚雷》劇照

第四章
———

文化景址

追逐塵封的墨香，徜徉於浩瀚的歷史長河，在感嘆古代文明的深邃與燦爛間，更慶幸於先民們為後人所留下的許多傳承歷史、延續文脈的珍貴物證。一處處景址、一件件文物，就是一幅幅濃縮了通榆文明發展的輝煌畫卷……

文化遺址溯源

　　通榆縣地域遼闊，遺址密布，文化內涵深厚而博大，在早期的遺址和百姓日常勞動、生產生活中常常會發現遠古生物化石標本，常見的有猛獁象、原始牛、披毛犀等古生物化石。

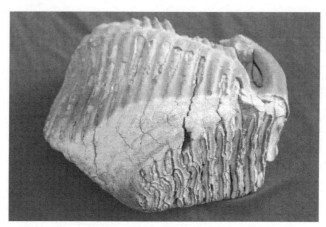

▲ 披毛犀古生物化石（王春權　攝）

　　考古專家認為：「猛獁象、披毛犀是舊石器晚期與人類共存的指示性動物。」這就是說，大約兩萬年前人類很可能跟著猛獁象群來到了我們這塊神奇的土地上，並在這塊土地上過著原始的狩獵生活。而據近年來考古發現統計，全國發現百萬年以上的古人類遺址有十處，吉林省前郭爾羅斯蒙古族自治縣王府屯遺址即是其中之一。這足以說東北是中國人類的發源地之一。在這百萬年的歷史時光中，此遺址距通榆的距離並不遙遠，兩地在地理上也並無大的差異，這是否意味著先民的足跡已經很早就留在了通榆大地上呢？

　　歲月淘洗間，人類文明在通榆這塊土地上歷經滄桑巨變而愈顯厚重豐盈。新中國成立以後，國家加強了對文物的保護工作力度，多次開展了文物普查工作。經一九六〇年、一九八一年兩次全國文物普查認定，興隆山鎮敖包山遺

址是具有代表性的新石器時期的遺存，其歷史年代距今約五千年左右，也是通榆縣境內目前發現的最早的古代人類生活遺址。遺址上暴露出了十三處居住址、二處灰坑和陶片、石器、玉石飾件、蚌殼飾件等大量遺物。一九八一年敖包山遺址被定為吉林省重點文物保護單位。

目前，在通榆境內共有古遺址一八二處，其中，發現的新石器時期的古人類生活遺址達九十一處之多。

▲ 敖包山出土的石器（王春權　攝）

和敖包山遺址同一類型的有新發鄉項家窩堡西南崗遺址、新華鎮新勝南山遺址、邊昭鎮三寶屯遺址、八面鄉周榮屯北崗遺址、新興鄉張劍坨子遺址、雙崗鎮後地遺址、鴻興鎮白音土海遺址、向海蒙古族鄉烏蘭塔拉遺址、團結遺址、興隆山漁場遺址、七台廟遺址、東哈拉毛頭遺址、腰哈拉毛頭遺址、梧赫營子遺址等。這些遺址中普遍保存有細石器、陶片、禽獸骨骼、魚骨、蚌殼等遺物。細石器的種類有石鏃、石刀、石核、刮削器和小長石片等。石鏃多為平底三角形，凹底三角形和柳葉形，多數為琢製而成，體較寬，略顯小短，一般長在二釐米至三釐米之間；石刀雖然大小不等，但刃部多為壓剝而成，較為鋒利；石核打擊面非常清晰。刮削器橫斷面呈梯形，打製石斧和圓形、亞腰形敲

砸器，都有明顯的長期使用痕跡；陶片細泥質黃褐色較多，有的夾蚌殼粉，表面飾有細繩紋、粗繩紋、席紋、直線劃紋和壓印「之」字紋等。陶器多為直口平底罐、壺等，其口沿多有〇點五釐米小圓孔，替代了器耳的作用。上述器物特點與嫩江流域的昂昂溪文化有較大區別，而與遼西一帶的紅山文化、內蒙古自治區的富河文化較為接近。

時間稍晚的具有代表性的遺址分別是開通鎮于家溝遺址、三道崗子遺址、烏蘭花鎮前泡子沿東南崗遺址、八面鄉東愍頭郎遺址、團結鄉聚寶山後屯遺址，方家圍子西南崗遺址、靠山屯後崗遺址等。這些遺址的內涵較單一，有的則與遼代或幾個歷史時期遺物共存。其細石器同早期的沒太大差別，而磨製石器較多，像用砂岩磨製的石餅、石鑿就很普遍。陶器在質地、紋飾、器形等方面都較前有了明顯變化，質地較為堅硬，火候較高，有的甚至把黃褐色局部燒成了黑色。多數器物的器壁變薄，做工較為精細。紋飾主要有帶壓印或劃印斜凹道的附加堆紋等，除這些之外，還有直線環紋、曲線環紋，折線環紋、劃印幾何圖和「人」字紋等。這些器物與東部嫩江、松花江流域的漢書下層文化區別較大，與內蒙古自治區赤峰東北部的夏家店下層文化較為接近。

通榆境內的新石器時期遺址分布在全縣各地，其中以霍林河流域為多。這與古代人類擇易於生存的河邊生活的特點相符。

新石器早期的通榆人在霍林河畔過著狩獵、採集、捕撈的生活。晚期生活較為豐富，開始了農業生產，特別是敖包山遺址的圓形、橢圓形居住址，表明人類已經開始定居，出土的圓柱形陶人、丁字形陶人，顯示了通榆早期原始宗教的存在。

▲ 丁字形雙面陶人頭

從春秋、戰國、秦漢到魏晉南北朝這一〇〇〇多年裡的文獻表明，在通榆

生活的主要是東胡族、鮮卑族和契丹族。在考古調查中，這一時期的遺跡和遺物較少，有代表性的是興隆山鎮氈匠鋪墓群和團結鄉大崗墓葬。氈匠鋪墓群出土的器物較多，有代表性的是鴨形鼎、金馬牌飾、五銖錢、銅飾件、銅鈴、銅鳴鏑、銅泡等。大崗墓葬出土了五銖錢、玉璜、玉璧。兩地相距四十公里，同屬漢代早期墓葬。從器物特點和墓葬的形制分析，應為鮮卑族墓葬。

▲ 東胡騎兵（曹紅光　提供）

　　遼金時期的遺跡遺物在通榆分布廣泛而密集，在全縣各鄉鎮幾乎都可以看到。目前，掌握的遺址、墓葬、城址、窯址有八十多處。遼金時期遺址中較有代表性的是團結鄉方家圍子遺址、民主草庫倫遺址、烏蘭花鎮前泡子沿西崗子遺址、新華鎮新華林場東崗遺址、興隆山鎮三合屯西崗子遺址、瞻榆鎮大寧西

▲ 契丹族男人（曹紅光　提供）

▲ 善於長途奔襲的女真族騎兵

泡子東崗遺址。

新發鄉傅青屯遺址、董家窯遺址、邊昭鎮西戰遺址、八面鄉東憨頭郎遺址、大黑山遺址、雙崗鎮獵子山遺址等。這些遺址中較典型的器物有陶器、瓷器、鐵器、銅錢、銅鐵飾件等。

遼金時期的墓葬，分布在瞻榆鎮、興隆山鎮、團結鄉、同發鄉、新興鄉。

向海、雙崗等鄉鎮（場），有磚室墓、土坑豎穴墓，多為單人，隨葬物較少，有陶罐、瓷器、鐵刀等生活用品。磚室墓多帶手掌痕，有的另一面還有模印蓮花紋飾。

▲ 虎坨子墓群

▲ 遊牧的蒙古族牧民

　　元明清時期通榆主要居住的是蒙古人、滿族人和漢人，他們留下的遺物不多，和遼金時期比較人口明顯減少，同期比較，明清前期和清代晚期的遺物稍多些。

　　縣內沒有發現單一的元代遺址，只有在遼金時期遺址和古城中，發現了少量的元代遺物。看來當時蒙古人過著游牧生活，曾在一些遼金遺址中有過短時期的逗留。元代遺物雖少，但很令人矚目。興隆山鎮有東長發屯東南崗出土的「東路蒙古侍衛親軍百戶印」。

　　前太平山西北崗子出土的「左阿速衛千戶印」和林茂村廟腰屯東南崗子出土的「陝西四川蒙古軍都萬戶府印」，表明元末明初人們的活動還是比較廣泛的。

　　明代初期，朱元璋在徹底打敗了元朝退居東北的殘餘勢力後，在東北建立了嚴密的統治機構，並進行了大力開發。在東北建立衛所三八〇餘處，遷入大批漢人充實東北地區。這些漢人帶來中原先進的生產技術和發達的文化，使

▲ 東路蒙古侍衛親軍百戶印

▲ 向海廟遺址

東北地區有了普遍較大發展。團結鄉永發河遺址，塌拉蓋窯址均為明初遺址，這裡的陶器在質地、紋飾、造型和燒製技術方面較前期有很大發展。

清代中期以前，由於清政府實行封禁政策，影響了這裡的發展。這裡只有一定數量的蒙古牧民和喇嘛，屬於滿蒙貴族的聯合統治之下。八面鄉四家子村郝大兔子建築遺址就是清朝中、晚期當地統治者的府宅遺址。它位於通榆東部邊緣，接近松原地區，說明當時通榆廣大地區是「地廣人稀」的狀況。滿蒙晚期特別是「封禁」之後，統治者除了加強政治統治外，還在全縣境內廣建寺廟，用神權加強統治。其中交閣廟、向海廟、倉頡廟、二龍廟、七台廟、沙力海廟等都有一定影響。這些寺廟為喇嘛廟，多為三層建築，在茫茫的草原上，幾十里外就可見到，可謂雄偉壯觀。從

▲ 倉頡廟遺址

上述狀況我們可以看出在這一時期通榆境內是「三多三少」，即地多、廟多、喇嘛多，人少、屯少、城更少。此外，清政府還通過「北不斷親」的聯姻政策籠絡蒙古各部，建在興隆山鎮境內的新發屯公主陵就是一例。

　　清朝統治時期，政府通過實行的這種「北不斷親」的聯姻政策籠絡蒙古各部。從明萬曆二十一年（1593年），蒙古科爾沁部與努爾哈赤後金在戰場上交鋒後開始，雙方便「相互嫁娶」。並把「北（蒙古）不斷親」的聯姻制度作為一種國策。據我國著名清史研究學者杜家驥教授在《清朝滿蒙聯姻研究》一書中統計，從清初至清末，三百年間，清朝皇室與蒙古貴族聯姻多達六百人次，其中出嫁的皇家公主格格多達四三五人。僅科爾沁六旗與清皇家聯姻就達一六三人次，其中下嫁科爾沁部的公主、格格達一〇六人次，迎娶科爾沁部之女五十七人次。可以說科爾沁部是與清朝皇家通婚人次最多的蒙古部落，也是娶皇家最高身分之公主人數最多的蒙古部落，而且是唯一所嫁女為皇后、皇太后的外戚部落。康熙皇帝就親切地稱科爾沁部蒙古是「朕的舅家」。長期、眾多的持續性聯姻，以及高階層的姻親，結成科爾沁部與清朝皇室的密近性政治關係。

　　由於清朝皇帝與科爾沁部的特殊關係，科爾沁部在清朝做到了「有大征必以兵從」，「效力戎行，莫不戀著勤勞。」成為清朝堅強的後援，勇敢的先鋒。

▲ 新發公主陵遺址

新石器時期遺址

新石器時期的來臨為通榆大地帶來了遠古文明的曙光。生活在這片土地上的先民們開始創造屬於自己的文明。這數十處歷經幾千年而遺存下來的新石器時期的遺址、遺物，為後人們開啟了尋覓遠古文明奧秘的時光之門。如今，通榆縣境內具有代表性的新石器時期的遺址有：

敖包山遺址　位於興隆山鎮西北敖包山上。敖包山遺址是通榆縣境內發現最早的古代人類生活遺址，暴露出十三處居住址、兩處灰坑和陶器殘片、石器、玉石飾件、蚌殼飾件等大量遺物。一九八一年被定為吉林省重點文物保護單位。

烏蘭塔拉遺址　位於向海蒙古族鄉所在地，暴露出居住址、灶址及五顏六色的細石器、陶片、禽獸骨骼、蚌殼等大量遺物。

▲ 敖包山遺址（王春權　提供）

▲ 蘭塔拉遺址

　　團結遺址　位於向海蒙古族鄉團結村，東西走向的土崗南坡上，暴露出大量的石鏃、石矛頭、小長石片、刮削器等細石器及陶片，還出土研磨盤殘塊一件，厚二點二釐米，為土黃色花崗岩。

　　興隆漁場遺址　位於興隆漁場場部門前一塊平坦的高地上，其上散布著夾砂陶片、石鏃、小長石片、扁柱狀石器、刮削器、石核及一件完整的鶴嘴鋤。

▲ 團結遺址

新民主遺址　位於興隆漁場北面一片寬闊的沼澤地中兩個孤立的圓柱狀土崗上，散布著小長石片、刮削器等細石器和夾砂紅褐陶片。

東哈拉毛頭遺址　位於向海蒙古族鄉哈拉毛頭村東，暴露出小長石片、刮削器等細石器和夾蚌、夾砂陶片等遺物。

腰哈拉毛頭遺址　位於向海蒙古族鄉哈拉毛頭村，在堅硬的地面上可以採集到石鏃、小長石片、刮削器等細石器和夾蚌素面磨光陶片。

梧赫營子遺址　位於向海蒙古族鄉梧赫營子屯，遺址總面積近萬平方米，暴露出四處灶址及大量細石器、陶片、禽獸骨骼、蚌殼，還有一件鶴嘴鋤後殘部。

七台廟遺址　位於向海蒙古族鄉七台廟屯，暴露出各色的細石器和夾細沙黃褐陶片。

前萬寶東南山遺址　位於烏蘭花鎮前萬寶屯，由於季風剝蝕，土山的東南坡暴露出石鏃、石核、尖狀器、刮削器及一件小石斧等遺物。

張劍坨遺址　位於新興鄉新發屯，沙崗為東西走向，暴露出大量細石器、陶器殘部、禽獸骨骼等遺物和灶址。

▲ 善於長途奔襲的女真族騎兵

東北坨子遺址　位於新興鄉新發屯東北，沙崗為東西走向，在遺址地表散布著石鏃、石刀殘片、蚌小長石片、刮削器、陶器殘部、蚌飾及禽獸骨骼等遺物。

▲ 東北坨子遺址

　　于家溝南坨子遺址　位於開通鎮于家溝屯，遺址因常年被風剝蝕，現出一些凹凸不平的長形沙溝，在沙溝底部散布著大量的陶片，細石器、鐵器、蚌殼和禽獸碎骨等。

▲ 周榮屯北崗遺址

周榮屯北崗遺址　位於八面鄉陽光村，在遺址處暴露出石鏃、石刀、小長石片、石鑽、石核等細石器和陶片。此外還有鶴嘴鋤殘段、青石敲砸器、石磨盤殘塊和蚌刀等遺物。

東憨頭郎西北坨子遺址　位於八面鄉陽光村，遺址上散布有刮削器、石箭頭、石核、石穿針和陶片等遺物。

項家窩堡西南崗遺址　位於新發鄉新發村，沙丘呈南北向，在風剝開的沙坑中，暴露出大量蚌殼、魚骨、五顏六色的細石器和陶片等遺物。

項家窩堡西大坑遺址　位於新發鄉新發村，暴露有尖狀器、刮削器、石鏃、小長石片等細石器和陶器殘片等遺物。

白銀吐海遺址　位於鴻興鎮白銀吐海屯，暴露出大量陶片、細石器，幾乎遍及整個漫崗。採集到一個夾細砂的紅陶柱狀器耳。

小泡子遺址　位於向海蒙古族鄉所在地，沙崗較平坦，由於河水沖刷，岸邊和西、南兩坡暴露出大量蚌殼、細石器、陶片和石器，遺物較豐富。

▲ 東憨頭郎西北坨子遺址

▲ 小泡子遺址

　　小泡子 I 號遺址　位於向海蒙古族鄉所在地，由於多年河水沖刷和季風剝蝕，在沙崗西坡及河岸邊暴露出大量的河貝殼、陶片、細石器和石器等遺物。石器種類豐富，採集到研磨器、圓形敲砸器、磨製石斧等，這些石器都有明顯的使用痕跡。

　　新立村西南崗 III 號遺址　位於瞻榆鎮新立村，遺物主要分布在沙崗頂部和西南坡耕地中，其上遍布著密集的細碎的禽獸骨骼和大量陶片，有灰坑一處。此外，還採集到兩件泥質紅色彩陶陶片，胎壁較厚，器型較大，彩陶表面用黑色彩繪製有裝飾。

　　潘家窪遺址　位於向海蒙古族鄉紅旗村，遺物分布整個遺址，尤以中部較為密集，採集到五顏六色的細石器和陶片。其他石器，打製的主要是石斧，磨製的有石磨盤、石磨棒（已殘）、石矛尖和研磨器等，都有明顯的使用痕跡。

　　長坨子遺址　位於團結鄉塌了蓋村，沙崗呈東西走向，採集到的遺物主要有石器和陶片等。其中，研磨器三塊，均有明顯的使用痕跡。

　　大壩遺址　位於新發鄉聯合村，漫崗較大較平坦，在被季風剝蝕的地面上

散布著細石器和大量陶片等遺物。陶片多帶有壓印「之」字紋，還採集到一件完整的石質網墜。

▲ 洪根敖包西北崗遺址出土的石器

南坨子遺址　位於新發鄉聯合村，在被季風剝蝕的地面上散布著青磚、貝殼、細石器、夾砂陶片、缸、甕殘片等遺物。採集到灰岩質研磨器一件（殘）。

▲ 勝利屯東南崗遺址

洪根敖包西北崗遺址　位於向海蒙古族鄉紅旗村，土崗呈西北東南向，散布五顏六色的細石器和大量陶片、禽獸骨骼等，灰坑清晰可辨，周圍還有人類骨骼。還採集到石磨盤、石餅、石杵等。

▲ 勝利屯南崗遺址

勝利屯東南崗遺址　位於向海蒙古族鄉創業村，由於多年被季風剝蝕沙崗出現多處風蝕坑，在風蝕坑內及耕地中暴露出大量的細石器、陶片、禽獸骨骼，還發現有人的頭骨。

勝利屯南崗遺址　位於向海蒙古族鄉創業村，沙崗呈南北走向，是一處較大較平坦的沙崗，其上分布著大量陶片、細石器、禽獸骨骼、貝殼等，遺物非常豐富。還採集到石餅、打製小石斧和數量很多的圓形敲砸器。並存有陶柱、陶人等造像陶器，另外，還有陶支架。

北查幹代西西北坨子遺址　位於向海蒙古族鄉紅旗村，遺物分布整個沙崗，採集到遺物有陶片、細石器、石餅（已殘）。

長坨子III號遺址　位於團結鄉新春村，沙崗高高聳立，尤以崗底較為密集。在被季風剝蝕的地面上暴露出禽獸骨骼、貝殼、陶片和密集的五顏六色的細石器，遺物十分豐富。

老炮臺III號遺址　位於興隆山鎮東風合村，遺物主要分布在耕地中，在其上分布較多的遺物，主要有細石器、石器和陶片等。採集到灰色砂岩質石鏟、敲砸器等。

▲ 老炮臺III號遺址

▲ 龍源Ⅱ號遺址

　　大青山葦場東北崗遺址　位於興隆山鎮大青山葦場，遺址已墾為耕地，在其地面上散布著大量的遺物。有細石器、敲砸器、磨製器、陶片、禽獸骨骼、貝殼等。

　　西民主屯西南崗大壩遺址　位於向海蒙古族鄉西民主村，在被季風剝蝕的地面和幼林地中，暴露出各色的細石器和陶片。還採集到一件小石斧和一件研磨器。

　　龍源Ⅰ號遺址　位於同發牧場新合村，遺址呈南北走向，在被季風剝蝕凸凹不平的黑沙土地面上，暴露出大量的五顏六色的細石器、禽獸骨骼、貝殼和陶片等遺物，還採集到一件用陶片改製的陶餅。

　　龍源Ⅱ號遺址　位於同發牧場新合村，在被風剝蝕的硬地面上，暴露出大量的五顏六色的細石器和陶片，遺物十分豐富。

　　小林場西北崗遺址　位於向海蒙古族鄉西民主屯，遺址已被墾為耕地，在被季風剝蝕的耕地中，暴露著大量的蚌殼、貝殼、禽獸骨骼、陶片、細石器等遺物，還採集到石餅和石磨棒等石器。

　　勝利屯西南崗遺址　位於向海蒙古族鄉創業村，沙崗高低不平，遺址處在

崗上的耕地中，在耕地上散布著陶片和石器等遺物。採集到石斧、研磨盤殘塊。此外還採集到一件圓形陶柱殘斷，細泥黃陶捏成。

　　牛舌山遺址　位於向海蒙古族鄉所在地，由於多年河水沖刷，岸邊及西坡暴露出大量的河蚌殼、細石器和陶片。採集的文物標本有陶器殘片、細石器、砍砸器、研磨器等。

　　韓家燒鍋東北崗遺址　位於向海蒙古族鄉創業村，沙崗呈東西走向，在被季風剝蝕的地面上，暴露出古代的遺跡和遺物。有四處灰坑清晰可辨，大量細碎的陶片、細石器、貝殼等遺物。還採集到石鐮、敲砸器和較完整的打製石斧，均有長期的使用痕跡。

　　大青山葦場東北崗 I 號遺址　位於興隆山鎮大青山葦場，在被季風剝蝕的地面上，暴露出大量的陶片、細石器和石器等遺物。遺址上有多處灰坑，清晰可見。其他石器有敲砸器、磨製石斧和鶴嘴鋤殘段等。

　　大青山葦場北崗遺址　位於興隆山鎮東風河村，在遺址上分布著貝殼、人類骨骼、禽獸骨骼、蚌殼和大量的細石器和陶片等遺物。有兩處灰坑，清晰可見，其他石器有石矛尖、敲砸器、石斧、鶴嘴鋤、石餅、石磨盤，都有明顯的使用痕跡。

▲ 大青山葦場東北崗 I 號遺址

新石器時期、遼金時期並存遺址

　　探尋間，這些看似散金碎玉般的早期人類文明，卻給予了霍林河流域這些依水衍生的先民們抗衡自然的勇氣與力量。爭天鬥地中他們開始創造出大量的物質財富。具有代表性的新石器時期、遼金時期並存的遺址有：

　　聚寶山後屯西南崗遺址　位於興隆山鎮聚寶山屯。這裡是一處較大的古代遺址，崗上為新石器時期遺址，東坡、南坡為遼代遺址。

　　民主苗圃南崗遺址　位於團結鄉民主村，遺物分布面積較大，沙崗西部新石器時期遺物較多，東部遼代遺物較多些。

　　方家圍子西南崗遺址　位於團結鄉民主村方家圍子屯，採集的器物有細石器、磨製石器、陶器殘片、粗瓷器殘片、鐵器殘段等遺物。

　　靠山屯北崗遺址　位於團結鄉前屈村，在崗頂及南坡散布有細石器、陶片、瓷片、鐵飾件、鐵器殘段、銅錢等遺物。

　　民主「草庫倫」遺址　位於團結鄉民主村，採集到的器物主要有陶片、鐵器殘片、鐵鏃、石臼等遺物。

　　同發牧場東北崗遺址　位於「國營同發畜牧場」，散布著大量的陶器殘

▲ 同發牧場東北崗遺址

片，主要有細泥、夾沙、夾蚌陶等，質地堅硬，多為梳齒紋和壓印齒輪紋。

　　新勝南山遺址　位於新華鄉桑樹村，採集的器物，主要為細石器和陶片。遼代陶片，質地堅硬，火候高，飾有短道菱形紋。還採集到北宋「乾元重寶」銅錢一枚。

　　新華林場東沙崗遺址　位於新華鎮林場，採集到的器物有石斧、石犁、陶片、瓷片、鐵飾件等遺物。

　　前永興屯東坨子遺址　位於新興鄉西太村，採集到陶器殘片、石核、刮削器、蚌飾、鐵刀等遺物。

　　龍山后地遺址　位於雙崗鎮所在地，暴露出較多遺物，主要是陶片和細石器及一定數量的壓印齒輪紋、壓印短道紋陶片等遺物。

　　獾子山遺址　位於雙崗鎮海青村，遺物主要有陶片、細石器、瓷片、銅鐵飾件等。還有陶紡輪、玉璧殘段和玉石斧。

　　東學堂後崗遺址　位於雙崗鎮長青村，採集到陶片、細石器、石磨盤殘塊，遼代遺物主要為陶片和甕壇殘片等遺物。

　　後太平遺址　位於新發鄉新發村，有新石器時代和遼代兩個時期的遺物。

▲ 後太平遺址

▲ 三寶屯遺址

細石器有敲砸器、刮削器、石鏃。遼代遺物主要是陶片、瓷片和少量鐵器。

三寶屯遺址　位於邊昭鎮三寶屯，文物較多，有新石器時代和遼、金、明、清幾個時代的器物，採集到的器物有陶器殘片、細石器、瓷片、銅鐵飾件及銅錢等遺物。

黃家窩堡遺址　位於什花道鄉東方紅村，在土丘西部頂端，顯露出的遺物主要有細石器、陶器殘片等。還有一定數量的灰色細泥質陶片，火候高，質地堅硬，為遼代遺物。

瞻榆東北坨子遺址　位於瞻榆鎮小太平街，採集的陶片，多為細泥灰陶，少量為紅褐色砂質陶。一九八〇年，地區博物館在這一帶採集到石鏃、小長石片、石磨盤、石磨棒和雙重「之」字紋陶片等遺物。

西太平川遺址　位於烏蘭花鎮西太平川屯，主要遺物為細石器和陶片，還採集到粗糙石刀、石斧等。另外，還有鐵箭頭、鐵焦渣、細泥質灰陶片、人獸骨骼、骨灰罐等遼金時期的遺物。

長坨子遺址　位於團結鄉塌了蓋村，採集到的遺物主要有石器、陶器殘片、研磨器等，遺址中還有一定數量的灰色細泥質陶片，火候高，質地堅硬，為遼金時期遺物。

漢代遺址

在漢代遺址中出土的大量陶器已經不再是簡單的生活用品，而是賦予了其更多的精神內涵。形狀各異、紋飾多樣的陶製品，展現了當時人們對美的理解與詮釋。不經意間，文明就在人類追求與創造美好生活中闊步前行。其中，具有代表性的漢代遺址有：

建設村四隊西崗遺址　位於團結鄉建設村，在沙丘頂上及南坡布滿了陶片，這裡的陶器器形多樣，紋飾極為複雜。紋飾種類有十餘種，較主要的有以壓印齒輪紋為基礎的紋飾，尤其組成環紋與菱形紋組合圖案，環紋與半圓形組合圖案，環紋、乳釘紋與草葉紋組合圖案，有小菱形紋組成的密集圖案；短道紋、乳釘紋、壓印齒輪紋與開光紋組成的圖案等等。根據上述陶片特點分析，這裡是一處漢代遺址。

建設大崗西北遺址　位於團結鄉建設村，土丘上布滿陶片，紋飾種類有十餘種，每種又有幾個類型。有由壓印齒輪紋組成的圖案以及豎劃紋、草葉紋、葉脈紋、乳釘紋和開光紋組成的圖案等等。質地堅硬，叩之有如金屬器物發出的清越之聲。陶器底部多為平底內凹，有的底部還帶有「Ψ」樣印記。根據上述陶片特點可以看出，這裡是一處漢代遺址。

遼金時期遺址

通榆空前的鼎盛時期始於遼時。現今通榆境內僅存的三座古城和數十處較大的村落遺址均為遼代所建，城市文明在遼時已見雛形。目前，縣內具有代表性的遼金時期遺址有：

▲ 遼金時期箭鏃

長發古城址　位於興隆山鎮東長發屯西北一點五公里處，故址已被墾為耕地，但輪廓可辨認，呈長方形。城牆為泥土堆築，南牆一八八米，東西牆各三一〇米，北牆一九〇米；東牆有一門，寬約六米。城址內有六處主要建築遺跡，有少量磚瓦、陶片、瓷片等遺物。在城址南二公里處出土一方元代銅質百戶印章。古城為遼代建築。

拉戶嘎古城址　位於邊昭鎮腰圍子村拉戶嘎屯東南一公里處的漫崗上。城址呈長方形，南北牆各長四五〇米，東西牆各長一千米，南、西牆中段各有一

▲ 拉戶嘎古城址

門，寬約十米。城址內共有三處大型建築遺跡，有青磚塊、布紋瓦、陶片、瓷片、茶綠釉雞腿壇等大量遺物。古城為遼代建築。

西學堂古城址　位於雙崗鎮長青村西學堂屯西北二公里處的敖包山東南坡下，城址略呈長方形，南牆一六〇米，東牆二二〇米，西牆二二一米，北牆一六五米。南牆中段有門，寬約八米，城牆為壘築。城址內有多處建築物遺跡，有青磚、布紋瓦、陶片、黃白釉瓷片等大量遺物。古城為遼代建築。

興隆山西崗遺址　位於興隆山鎮興隆山屯，遺物主要是帶有壓印齒輪紋的陶片，多手製輪修。

後太平陶窯址　位於新發鄉新發村後太平屯東北一公里處的沙崗上，為遼金時期較大的燒製陶器遺址。

▲ 後太平陶窯址

三合屯西坨子遺址　位於興隆山鎮三合屯，暴露出較多瓷器殘片、鐵器等遺物。由於多年風蝕，路面露出大量的排列有序的灶址和草木灰。

新發堡東崗遺址　位於團結鄉民主村，主要是陶器殘片、鐵器殘段、鐵釘及人獸骨骼等遺物。

方家圍子東南崗遺址　位於團結鄉民主村，遺物主要有陶片、瓷片、壇、甕片等。

神樹坨子遺址　位於團結鄉新春村，在被風剝過的土地上，採集到了刮削

器、陶器殘片、鐵刀、鐵鏃等遺物。

灶底坑東崗遺址　位於團結鄉建設村，在遺址上散布著遼代陶瓷器殘片。

保安鎮北崗遺址　位於團結鄉解放村，採集器物主要是陶器殘片、銅鐵飾件和少量細石器。

前萬寶甸子遺址　位於烏蘭花鎮前萬寶屯，暴露出建築基址，密集的大青磚、布紋瓦，還有獸面瓦當、陶片、瓷片及銅飾件殘片等遺物。

前泡子沿西北崗遺址　位於烏蘭花鎮西木村，暴露出質地堅硬的陶片、瓷

▲ 傅青屯南坨子遺址

▲ 傅青屯西北坨子遺址

片、鐵器等遺物。

傅青屯南坨子遺址　位於新發鄉得勝村，有大量陶器殘片和銅錢等遺物。

傅青屯西北坨子遺址　位於新發鄉得勝村，暴露出大量質地堅硬的陶器殘片，並出土兩面銅鏡。

董家窯遺址　位於新發鄉得勝村董家窯屯和孟家窩堡屯之間，在耕地中散布著青灰、紅褐色細泥質陶片，叩之有金屬之聲。

後太平東南山遺址　位於新發鄉新發後太平山屯，暴露出大量的細泥灰陶和少量細石器。

▲　後太平東南山遺址

腰五九屯北坨子遺址　位於新興鄉新興村，暴露少量陶片、禽獸骨骼。採集到灰色陶壺頸、腹部殘片五塊。

大寧西泡子東南崗遺址　位於瞻榆鎮大寧村，暴露出陶器殘片、鐵器殘塊、鐵鏃、鐵人、銅錢等遺物。

腰保安南坨子遺址　位於新華鎮保安村，採集到的遺物有陶器殘片、黃白釉瓷片、小銅鈴等。

西力不可西北崗遺址　位於新華鎮大有村，遺物主要為陶器、瓷器、壇甕殘片及鐵渣、鐵飾件殘段等。

十三馬架遺址　位於新華鎮新華村,暴露出陶片、瓷片、銅鐵飾件及其殘段等遺物。

西井沿遺址　位於新華鎮新林村,遍布分布著大青磚、布紋瓦、瓷片、陶片等遺物。

東憨頭郎東地遺址　位於八面鄉陽光村,散布著青灰色細泥質陶片,紋飾有坑點紋、梳齒墳、短道紋等。

西戰西南崗遺址　位於邊昭鎮西戰村,暴露出陶器殘片、瓷片和少量細石器等遺物。

▲ 西戰西南崗遺址

邊昭「老街基」遺址　位於邊昭鎮鐵西村,遺物主要為陶片、瓷片、壇罐殘片和大板瓦片、鐵器殘段等。

大黑山遺址　位於八面鄉四家子村,遺物有大量的陶片、粗瓷片、黃白釉瓷片、蚌殼碎片及少量細石器。

靶場遺址　位於什花道鄉所在地,採集到青灰色、黃褐色細泥質量陶片及黃白釉鐵花瓷片各一件。

糜子荒南崗遺址　位於包拉溫都鄉糜子荒屯,沙崗呈東南西北向,其上分布有陶片、大青磚、紅磚、布紋瓦、瓷片、缸甕殘片、鐵器殘段、鐵焦渣和大

▲ 邊昭「老街基」遺址

量細碎的禽獸骨骼。

　　洪根敖包北崗遺址　位於向海蒙古族鄉紅旗村，在被季風剝蝕的地面上散布著密集的陶片和少量的瓷片。

　　洪根敖包北崗Ⅰ號遺址　位於向海蒙古族鄉紅旗村，陶片遍及整個窪地，十分密集。遺物主要有陶片、瓷片等。

　　三合屯北崗遺址　位於興隆山鎮三合屯，在被季風剝蝕的黑土地上，暴露出禽獸骨骼、陶片和缸、瓷殘片等遺物。

　　傅青屯西北坨子Ⅰ號遺址　位於新發鄉德勝村，在坡下的耕地中暴露出禽獸骨骼、瓷片、缸甕殘片、鐵器殘段、銅錢和大量陶片等遺物。

　　瞻榆苗圃西崗遺址　位於瞻榆鎮萬發屯，沙崗中部隆起，四周低緩，在被季風剝蝕的地面上暴露出大量陶片、缸甕殘片等古代遺物。

　　董家窯西南崗遺址　位於新發鄉董家窯屯，南坡的耕地中散布著陶器殘片、鐵器殘段等遺物。

　　四明屯南坨子遺址　位於瞻榆鎮四明屯，遺址部分已墾為耕地，在耕地中散布有蚌殼、陶片、瓷片等遺物。

　　團結老白園子窪地遺址　位於向海蒙古族鄉利民村，大量的古代遺物散布在耕地上。遺物主要有陶片、瓷片、青磚等。

▲ 瞻榆苗圃西崗遺址

　　馬蹄灣遺址　位於向海蒙古族鄉利民村，遺物散布在整個平坦耕地中。遺物主要有陶片、瓷片、壇、甕片、青磚和大量的布紋瓦，還採集到少量的敲砸器。

　　西邊昭東坨子遺址　位於邊昭鎮鐵西村，遺物遍及整個遺址，遺物十分豐富，陶片和瓷片較多、較密集。在這裡採集到大量的文物標本有陶器殘片、瓷片、缸、甕殘片、青磚、鐵器殘片和銅錢等。

　　建設屯東南崗遺址　位於興隆山鎮原同發牧場興隆分場利民村，在被季風剝蝕的地面上，暴露出古代遺物，有禽獸骨骼、青磚、紅磚和大量陶片、瓷片等，遺物十分豐富。

　　新發東崗遺址　位於同發牧場，遺物主要為陶器、瓷器。在遺址的南坡還發現有成片的鐵焦瘤、鐵渣、鐵塊、鐵器殘段等，當年這裡可能有冶鐵作坊存在。

　　新發屯東崗１號遺址　位於同發牧場，在被季風剝蝕的地面上，暴露出古代遺物，遺物主要為陶器、瓷器、鐵器殘段等。

　　半拉格森西坨子窪地遺址　位於包拉溫都蒙古族鄉半拉格森村，遺物主要分布在東部的耕地中，採集器物主要有陶片、瓷片等。

元、明、清時期遺址

定居改變了馬背民族的游牧生活，也對通榆的文化發展、文明走向以及民風民俗產生了深遠的影響。而清末晚期實行的「移民實邊」政策，則讓通榆文化在又一次多民族的大融合中更加豐富與厚重。這一時期的代表性遺址有：

永發河遺址　位於團結鄉建設村所在地南一公里處沙崗南坡，暴露出大量質地堅硬的陶器殘片等遺物。

西力不可古磚窯址　位於新華鎮大有村西力不可屯東南二點五公里處土崗南坡下，為清代中期燒製青磚遺址。

「郝大兔子」建築遺址　位於八面鄉四家子村所在地北二點五公里處，是清代較大院落遺址，由三個不等長方形組成互相連接的三個院落，東西總長一八〇米左右。

▲ 《郝大兔子》建築遺址

半拉格森西南甸子建築遺址　位於包拉溫都蒙古族鄉半拉格森屯南一點五公里處的小甸子上，為清代早期建築遺址，南北長三十米，東西寬二十米，高出地面約一米。

▲ 半拉格森西南甸子建築遺址

　　塌拉蓋村陶窯址　位於團結鄉塌拉蓋村北一公里處土崗上，為明代燒製陶器遺址。

▲ 塌拉蓋村陶窯址西南

出土文物

　　化石、石器、陶器、玉器、粗瓷器、瓷器、金銀器、銅鐵器……一件件閃爍著人類智慧光芒的歷史文物，展示了我們祖先非凡的創造力，見證了這裡人類文明發展的漫長歷程，具有重要的歷史、藝術、科學價值。其中，具有代表性的出土文物有：

　　化石——猛獁象臼齒化石　二件，為一點五萬年前更新世晚期猛獁象臼齒，於什花道鄉光輝村辦公室後牆外出土，收藏於白城市博物館。

　　化石——野牛頭骨化石　為二萬年前野牛頭骨，一九六七年七月，於新興鄉西太村東南約五百米處，距地表四米深的沙土層中出土，已散失。

　　石器——細石器　在境內新石器時期遺址中，出土的石器多為細石器，其數量難以計數。主要有石鏃、刮削器、小長石片、石核、石鑽、尖狀器等。有部分出土細石器收藏於通榆縣博物館。

　　石器——打製石斧　花崗岩打製而成，一九八三年春採集於興隆山鎮敖包山遺址，收藏於通榆縣博物館。

▲ 打製石斧（王春權提供）

　　石器——敲砸器　圓頭敲砸器為紅色花崗岩打製而成，出土於興隆山鎮敖包山遺址；橢圓形敲砸器為花崗岩加工而成，出土於興隆山鎮敖包山遺址，收藏於白城市博物館。

▲ 敲砸器

　　石器——長條石鏟　為青灰色花崗岩石磨製而成，一九八三年徵

集於團結鄉方家圍子屯，收藏於通榆縣博物館。

　　石器——石犁　為灰色岩石磨製而成，出土於興隆山鎮敖包山遺址，收藏於白城市博物館。

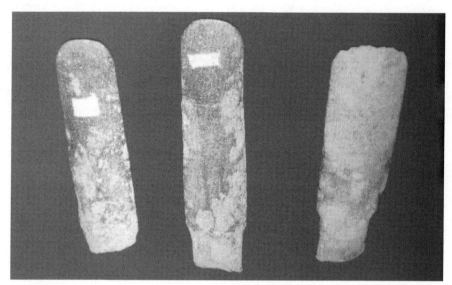

▲ 石犁

　　石器——石鏃　四件，為青色花崗岩磨製而成，出土於興隆山鎮三寶村九龍山屯東坡地，收藏於通榆縣博物館。

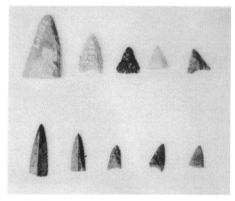

▲ 石鏃

▲ 寬刃石鏟

石器——寬刃石鏟　為灰色岩石磨製而成，出土於興隆山鎮東風河村，收藏於通榆縣博物館。

陶器——雙重「之」字紋陶片　一九八〇年五月，採集於瞻榆鎮東北小平街北部，收藏於白城市博物館。

陶器——鴨形鼎　為細泥紅褐陶，徵集於興隆山鎮長勝村，出自漢代鮮卑墓中，收藏於吉林省文物考古研究所。

▲ 鴨形鼎

陶器——陶壺　三件，為細泥紅褐陶，一九七五年五月徵集於興隆山鎮長勝四隊，出自漢代鮮卑墓中，收藏於吉林省文物考古研究所。

陶器——四耳陶罐　為黃褐色細泥質，遼代遺物，一九六三年九月出土於團結鄉愛國村順山屯北土崗子，收藏於吉林省博物館。

▲ 陶壺

陶器——長頸鼓腹陶壺　為遼代遺物，淺灰色，胎質堅細，一九八一年春出土於團結鄉民主村方家圍子東南一公里處小山坡上，收藏於通榆縣博物館。

　　陶器——敞口鼓腹陶壺　一九七六年春，出土於團結鄉新春村塌拉蓋屯西南神樹坨子，收藏於通榆縣博物館。

　　陶器——侈口鼓腹陶壺　為遼代遺物，質地細膩堅硬，一九八三年春出土於烏蘭花鎮永安屯東北五百米處東南沙崗南坡，收藏於通榆縣博物館。

　　玉器——玉石斧　墨色，質地細膩，一九八三年春採集於雙崗鎮獾子山遺址，收藏於通榆縣博物館。

▲ 長頸鼓腹陶壺　　　　▲ 敞口鼓腹陶壺　　　　▲ 侈口鼓腹陶壺

　　玉器——小玉石斧　一九八三年春，採集於團結鄉民主苗圃南崗遺址，收藏於通榆縣博物館。

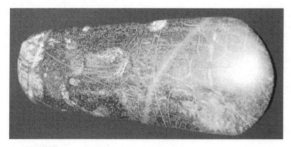 

▲ 玉石斧　　　　　　　　　　　　　　▲ 小玉石斧

玉器——玉佩件　為淺綠色玉石磨製而成，內部有均勻黑絮，一九八三年採集於新興鄉張劍坨子新石器時期遺址，收藏於通榆縣博物館。

　　玉器——玉環　出土於一處清代早期墓葬中，為青玉加工而成。通體似玉鐲狀。一九八三年春徵集於新興鄉新華村腰五九屯，收藏於通榆縣博物館。

▲ 玉佩件

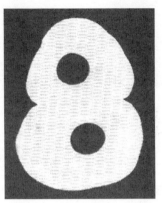

▲ 亞腰葫蘆玉飾件

　　粗瓷器——小口鼓腹甕　二件，一九六五年五月出土於新興鄉新興村新民主屯東北環形沙丘南坡，為遼金時期典型器物，收藏於通榆縣博物館。

　　粗瓷器——雞腿壇　一九七一年五月出土於什花道鄉紅嶺村老沿溝屯北一點五公里的耕地中，高六十六釐米，口徑十釐米，腹徑二十一釐米，底徑十三釐米，為小口、廣肩、長身、束腿、平底，為保存完好的遼代有代表性的粗瓷器之一，收藏於白城市博物館。

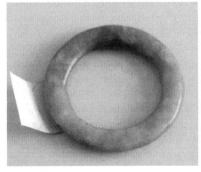

▲ 玉環

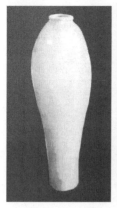

▲ 遼代雞腿壇　　▲ 白瓷碗

粗瓷器——雞腿瓶　一九六三年出土於烏蘭花鎮雙龍村，為遼代粗瓷器，收藏於吉林省博物館。

粗瓷器——黑釉罐　一九六三年九月出土於團結鄉愛國村順山屯北崗子，為泥質黃褐陶，收藏於吉林省博物館。

粗瓷器——醬釉直口罐　出土於鴻興鎮東風村靠山屯南貓墳，為遼金時期遺物，收藏於通榆縣博物館。

瓷器——大白瓷缽、黃白釉大瓷碗、乳白釉大瓷碗　一九七三年出土於烏蘭花鎮沙力海廟址，均為典型的金時期器物，收藏於白城市博物館。

瓷器——小瓷盤　一九八二年出土於向海蒙古族鄉利民村團結屯小學校前沙丘上的遼代墓葬中，收藏於吉林省文物工作隊。

瓷器——鐵口短頸白瓷瓶　一九七五年徵集於瞻榆鎮小太平街，為遼金時期遺留下來的珍貴藝術品，收藏於白城市博物館。

金銀器物——金耳飾、金馬牌飾　一九七九年五月徵集於興隆山鎮長勝四隊，出土於漢代鮮卑墓葬，分別收藏於吉林省文物考古研究所和吉林省文物工作隊。

金銀器物——龍鳳金簪　四件，出土於興隆山鎮林勝村四隊新發後屯清代中期公主陵，

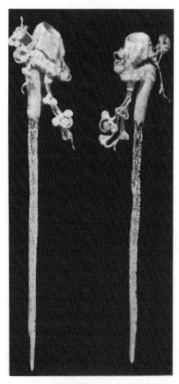

▲ 金絲龍鳳首簪

收藏於吉林省博物館。

銅鐵器物──銅鬲、青銅飾 一九七九年五月徵集於興隆山鎮林勝村四隊，出自漢代鮮卑墓葬，收藏於吉林省文物工作隊。

▲ 海獸葡萄紋銅鏡

銅鐵器物──海獸葡萄鏡 一九八三年春徵集於新發鄉德勝村傅青屯為唐代器物，收藏於通榆縣博物館。

銅鐵器物──飛鳥銅鏡 一九八二年五月出土於向海鄉利民村團結屯小學前沙丘上的遼代墓葬中，收藏於吉林省文物工作隊。

銅鐵器物──雞心形銅球 出土於新發鄉新發村後太平屯，收藏於白城市博物館。

銅鐵器物──塔頂「十三天」 一九八三年發現於向海鄉韓家屯，為清代喇嘛塔部分遺物，收藏

▲ 雞心形銅球

於吉林省博物館。

銅鐵器物——銅馬鐙　一九八三年徵集於八面鄉宏大村，收藏於通榆縣博
物館。

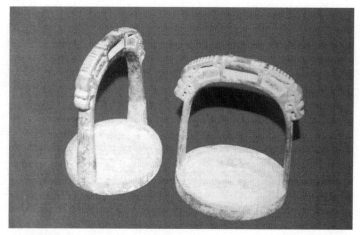

▲ 銅馬鐙

銅鐵器物——六耳鐵鍋　一九六四年五月出土於新興鄉西太村前永興屯東
坨子，為遼代大型蒸煮鍋，收藏於通榆縣博物館。

印鑒——東路蒙古侍衛親軍百戶印　為元代百戶官印，一九七六年出土於
興隆山鎮長發村，收藏於吉林省博物館。

▲ 六耳鐵鍋

印鑒——左阿速衛千戶所印　為元代晚期軍事機構公章，一九五七年出土於興隆山鎮前泰一隊，收藏於吉林省文物工作隊。

▲ 興隆山鎮出土的元代官印

印鑒——陝西四川蒙古軍都萬戶府印　為元代萬戶府官印，一九七四年出土於興隆山鎮林勝村腰廟屯，收藏於吉林省博物館。

▲ 陝西四川蒙古軍都萬戶府印

此外，通榆縣博物館還收藏了古代建築裝飾品獸面瓦當、遼代石夯、遼代手印紋磚、清末印刷銅版等文物。

▍革命遺址

　　抗日戰爭時期、解放戰爭時期、抗美援朝戰爭時期、社會主義建設時期，雖歷經了半個多世紀，但鶴鄉人從未忘記，曾有那麼多英勇的先烈用鮮血與生命為這裡換來和平、幸福與榮耀。而長眠於此的這些知道或不知道名字的烈士們，也必將永遠被這裡的人民所敬仰、所銘記！

　　通榆烈士陵園　一九五〇年六月一日，開通縣人民政府於開通鎮西門外建成中國人民解放軍、蘇聯紅軍革命烈士墓及紀念碑。一九五三年於開通鎮東北郊漫崗上建成烈士陵園，重建了烈士紀念碑，並把開通鎮西門外的烈士墓全部移於陵園內。一九八五年通榆縣人民政府重建了烈士紀念碑。二〇〇三年民政局投資對烈士陵園進行公園化、園林化改建。現烈士陵園占地四點一萬平方米，共有烈士墓一六三座，中國人民解放軍烈士墓、中國人民志願軍烈士墓、蘇聯紅軍烈士墓共一五七座，和平年代烈士墓六座，有姓名的烈士六十四位

▲ 建成於1953年的開通烈士陵園主碑

▲ 二〇〇三年通榆烈士陵園改造後的主碑

（含和平年代烈士6位），無名烈士九十九位（含蘇聯紅軍烈士5位）。

瞻榆烈士陵園　瞻榆烈士陵園位於瞻榆鎮東南二點五公里土崗上，建於一九五四年十月，占地二千平方米。園內建有一座烈士紀念碑，有蘇聯紅軍烈士墓七座，王耀東及其警衛員烈士墓共兩座。

▲ 瞻榆烈士陵園主碑

天然牧場三家子草原

　　草原風光是通榆縣的生態旅遊特色景觀之一。距離通榆縣城十五公里的三家子牧場擁有萬畝天然草場，是科鐵公路線上一道亮麗的風景。

　　當您沿通乾公路驅車行駛二十分鐘，一幅「天蒼蒼，野茫茫，風吹草低見牛羊」的原始大草原的秀麗畫卷便展現在您的面前。一望無際的大草原寬闊而美麗，怒放的百花芳香四溢，歡唱的鳥兒自由飛翔；一群群牛羊時而進入視線，時而悠悠飄遠，唯有那宛如天籟的動人牧歌久久縈繞在耳畔……

　　優質的天然牧場孕育了這片草原的驕傲——中國草原紅牛，它是我國唯一一個擁有自主知識產權的新品種牛，肉乳兼用。鮮嫩的草原紅牛肉已打入國際市場，備受中外遊客歡迎。

▲ 風吹草低見牛羊

亞洲最大的天然蒙古黃榆林

距縣城西約六十公里，這是一處神奇的地方。霍林河在這裡千迴百轉，徜徉蜿蜒；蒙古黃榆在這裡落地生根，葉茂枝繁；歷史遺跡林林總總，熠熠生輝。她美在原始，奇在天然。

在黃榆觀光區，有一片亞洲最大的蒙古黃榆林，面積約五十平方公里。蒙古黃榆屬於瀕危樹種，興隆山蒙古黃榆觀光區是國內最大的黃榆林之一。

蒙古黃榆是乾旱地區沙丘崗地上特有的樹種，屬榆科、榆類，是天然的次生林。當你站在景區的山崗，極目遠眺，漫山遍野蒙古黃榆似天穹隨風飄下的綠色彩錦，起伏有致，無際無涯；駐足近視，它成簇成片，冠如傘、枝似藤，千姿百態，俏麗動人；俯身細瞧，它軀幹遒勁，叢叢相擁向蒼天：裸根盤結，條條拚死入沙海，路人所見無不駐足讚歎。

在通榆民間有一個傳說，說黃榆是七仙女留給人間的一件禮物。七仙女私自下凡與董詠生兒育女犯了天條，王母娘娘派天兵天將收她歸天，她寧死不從，與天兵開戰。為了保兒護夫，她寡不敵眾，逃到一片「風吹草低見牛羊」的草原上。不想天兵天將施法，揚起漫天黃沙將草原淹沒，變成了大片炙熱乾旱的沙海。七仙女為了草原上的生靈，也為了董詠和兒子的生命，只能歸天而去。臨走，將她遮陽擋風的傘留給了這片已變成沙丘的草原。仙傘一變十、十變百、百變千，變成了樹冠如傘的大片蒙古黃榆，蓋住了整個沙海，遮住了炎熱的陽光，擋住了猛烈的狂風，固住了滾動的沙丘。歸天後，她又把瑤池的水向這片沙海撒出一盆，水的主流就成了霍林河。這河魚肥蝦壯，味道鮮美。濺出的水滴成了大片的沼澤、濕地，招來了百花齊放、百獸安家、百鳥爭鳴，就連王母娘娘寶座前的丹頂鶴都來這裡繁衍生息了。

雖然是傳說，但如果你去過沙海，你定會躁熱沖哽，如果你置身黃榆下，卻會感到「無風自涼、無雨自爽、清新至極、炎暑頓消」。說不定這黃榆真的

▲ 莽莽蒼蒼黃榆林

帶著「仙氣」呢？！

　　說它有仙氣並不是故弄玄虛，因為它真有讓人吃驚讓人琢磨不透的怪事。前些年縣裡建廣場，專家們想把家鄉的特點濃縮到這個小廣場裡。於是在廣場裡留下了塊好地，起名蒙古黃榆區。當從興隆山蒙古黃榆區裡移植來了十幾株蒙古黃榆後，儘管好肥好水地伺候著，可這些黃榆不到半年便全部枯死。專家們帶著疑惑和不解，到黃榆生長地進行專題考察。他們發現黃榆三五一簇，一簇為一體，就像一個家庭，團團圍在一個「綠傘」之下，共享天倫。一簇千根，千簇一體。儘管他們長在沙丘頂上，終生難得肥、水，然而在一簇黃榆中，高大的護住矮小的，中間的會為外圍的遮住炙熱的陽光，外圍的會為中間的擋住風沙。就是因為它們有這樣一種群生群長、有福同享、有難同當、互相融合、各司其職、各盡所能、共生共苦的「骨肉親情」，才使它們在極端惡劣的自然環境下，依然蒼莽青翠，葉茂枝繁。它們有一個特性，就是單株斷根失去群體，無論給它什麼條件，卻很難存活。黃榆還有一個特性，就是春季抽芽最晚，當春來柳綠花開時，它仍不動聲色，老成持重。曾有詩人發出：「柳綠春水邊，黃榆尚淺眠」的讚歎。

新石器時期文化遺址敖包山

坐落在興隆山鎮西南十五公里處，遠古洪荒的敖包山，展示著一幅美麗的畫卷：廣袤無垠的大草原上河流交錯，湖泊相連。狼、鹿、狐、兔等各類動物遍布草莽山林，蒼鷹在天空盤旋，魚兒在水中遊蕩。部落裡的先民們用雙手打鑿出各式各樣的石鏃、石斧、石刀、石鑽、石矛、石鋤、石犁等狩獵和生產生活工具，擒獸捕魚、植谷充飢，在與大自然的不斷搏鬥中繁衍生息。在那樣荒蠻的年代，人類已經有了對美的追求。他們用玉石、蚌殼和龜、鳥、魚類的骨骼做成飾物帶在身上，燒製出各種泥陶擺放在半地穴式的家中……所有這些描述，都是被敖包山遺址眾多的出土文物所證實的。尤其那兩隻出土的圓柱形和彎月形泥陶人頭，分明是太陽和月亮的象徵。這是迄今為止整個東北地區所見較早的圖騰崇拜偶像之一。

今日再游敖包山，遺址滄海桑田，當你站在密林覆蓋的山岡上，面對信手拈來的遍地遺物，思緒不禁信馬由韁，陡然會發出一番感嘆：山中方幾日，世上已千年。

▲ 敖包山原始人類想像圖（曹紅光　提供）

▌別具風韻的草原風車

　　獨特的地理位置與氣候環境造就了通榆又一人文景觀——風車景觀。通榆風電開發始於一九九九年。具有代表性的風電企業有同發風力發電廠、華能電力公司和龍源電力公司，目前，全縣風場總裝機容量為四十九點五萬千瓦，是全國較大的風力發電廠之一。

　　在同發風車景觀區裡，近五百台風車錯落有致地分布在開闊、起伏的丘陵地帶。其中，一小部分風車形體上比較秀氣，距地面高約四十六米，其餘都是距地面五十米的「彪形大漢」。近觀，它們偉岸的身軀如洪荒時代的擎天之柱，寂寞卻不孤獨地站在那一方綠色的淨土上，撐起了那一片無垠無際的藍天。柱頂上端，三片扇葉均勻地展開，與天地間的長風呢喃著，在藍天白雲下輕輕地轉動著，在豔陽的照耀下輝映出道道七彩霞光。它們用巨臂畫出碩大的光圈，猶如凌空開放的禮花，燦爛奪目。人類偉大的文明在這茫茫的草原上，創造了現代奇蹟。

　　站在高高的山岡上向下望

▲ 長翼問天風車轉

去，一幅清淡秀麗的水墨畫就輕輕地、緩緩地鋪展在你的面前，文明對原始的水乳交融形成了一道獨特神奇風景。碧色的是藍天，綠色的是原野，風景中銀色的是風車，紅白相間的是牛羊，而看到這幅曼妙無邊的風景畫時，每一眼都是景色，每一眼都是和諧，每一眼都是一種心緒。藍天、草原、風車、牛羊，縱然是丹青妙手也難描繪出這和諧美好的感覺吧！

蘆花飄蕩的郁洋淀葦海

　　郁洋淀葦海景觀坐落在通榆縣同發牧場深處，以盛產蘆葦和蒲草聞名天下。初春，晨光中，去年那些尚未倒去的殘草，在微風中輕輕地擺動，似乎在訴說著往日的輝煌。不經意間，一種「嘩嘩」的聲音由遠而近，迎季的「桃花水」匆匆而至。殘葦再也支撐不住，將殘留的葦花播撒開來。那葦花緩緩地忽飛忽落，似逝去的光陰在尋找著心靈的驛站。「桃花水」下，一簇簇嫩嫩的綠

▲ 葦海茫茫鬱洋澱

芽開始萌發。在不到一個月的時間裡，枯黃消盡，綠浪浩渺，如海似湧，郁氣凝馨。故此處名曰郁洋淀。

郁洋淀之水來自於文牛格尺河，屬於淺水湖，水質清澈，沒有污染。水中魚肥蝦壯，是遊客必食之美味。

到了郁洋淀，喝上幾杯蒙古奶酒，吃上一頓肥魚壯蝦是必須的。盛宴畢，藉著淡淡的酒興，走出蒙古包，登上瞭望塔，看郁洋淀別有的一派風光。南面，一片開闊平坦的草原，連綿著、起伏著，消失在遠處與天相接的地方。絨絨的綠草中，有朵朵白雲，片片紅霞飄然而去。細細看來，紅的是著名的草原紅牛，白的則是塞北綿羊。悠閒自在，情趣盎然。向西望去，輕舟淺漾，水波粼粼，一彎清水靜靜地鋪在那裡。清的透徹，靜得無邪。向東望去，山林老樹，古道西風，纏纏繞繞，曲折著，攀附著。長滿蒙古黃榆的遠山有地汽生長著，渺渺間透出其藤繁葉茂的綠蔭，讓幾條陳年舊道因幽靜而深遠。這裡是山雞、野兔、狐狸、獾貂的樂園。向北望去，萬頃蒲草葦蕩駐風光無限，竹蘆蘭蒲，魚躍蛙鳴，現生機萬種，蓄雅趣無邊。

臥聽牧笛雲深處，坐擁草原無限情。來到郁洋淀，草原的氣息也就近了，來到郁洋淀，你的心也就跟著醉了。

神奇的瞻榆古榆樹

在通榆縣瞻榆鎮西南九公里的一座山丘上，傲然挺立著一株遠近聞名的古榆樹。它如同一頂巨大的華蓋置於沙崗上，獨樹一幟，碩大無朋。

據有關專家鑑定，這株古榆樹已經有近六百年的歷史。它高十三米，主幹直徑一點二米，三人聯手才能勉強合圍。樹冠蓬勃伸展，直徑約十八米，其覆蓋面積約為三百平方米。粗大的主幹分出五個巨大的支幹，恰似巨臂上的五根手指，直向雲天，彷彿在向蒼天展示它的滄桑。一條條粗壯的樹根裸露在外，像曲背躬身的長蛇巨蟒，牢牢地盤踞在地上，有的甚至高出地面半米。古榆樹雖然年久、歷盡人世沉浮，可它仍根深葉茂、鬱鬱蔥蔥、生機勃勃。

每年春天的四、五月份，大地復甦，古榆即開始吐綠，向人們報告春天的來臨。當秋風蕭瑟，寒霜來臨，落葉飄零時，古榆樹仍然綠葉滿枝，直至深秋，其生命力之強令人歎為觀止。

關於古榆樹的來歷有許多傳說，相傳古榆樹有神靈，是神樹。據說三百年前，有逃荒者誤入茫茫沙海，人困馬乏，口渴無救之時，突見前面的沙崗上出現了一團白霧，白霧升騰，漸漸聚攏，出現了一個白鬍子老頭，微笑著向他們招手。人們打起精神向「白鬍子老頭」走去，走到近前，白霧落下，出現了一株老榆樹。失望之時，在老榆樹上出現了一隻老龜，慢慢地向沙崗下爬去，爬進了離老榆樹不足百米的一個窪地裡，窪地裡出現了一個泉眼，水柱噴出十幾米高，不一會就形成了一個微波蕩漾的小湖。幾個人看到這裡，認定這是一塊風水寶地，便向老神樹跪拜，感謝它在危難之時的救命之恩。隨即人們在這裡落腳躬耕，把老神樹周圍開墾成農田，年年都獲得好收成。此後，老榆樹便被人們視為神樹，十里八鄉的人們經常自發地來祭拜。

傳說終歸傳說，當地人們祭拜古榆確有其事。瞻榆建制後，當地官府在每年春暖杏花開的時候，都要在老神樹下搞祭尚喜、祭神樹活動。屆時，請當地

有影響的鄉紳帶領人們在供奉著羊髁裸、奶食品、酒等祭品的神樹下跪拜，祈禱老神樹保佑新的一年風調雨順，五穀豐登、六畜興旺。還要請喇嘛誦經，商家施善粥。關於瞻榆這一地名的來歷，當地人還有一個說法。瞻榆建制後，其原名為開化縣。是年，奉天省派王道台來剛剛設置的開化縣視察，一早起來去城南門外散步，望見鬱鬱蔥蔥的老榆樹和開滿山野的杏花及杏花中勤耕的農民，十分感慨，隨口吟道：「瞻榆修耒，望杏耕田；何用開化，名至天來」。隨行官員稱讚不已，於是將開化改為瞻榆縣，瞻榆這個地名沿用至今。

隨著社會的發展、科學的進步，人們不再相信古榆為神靈的傳說。但是，歷盡滄桑的古榆樹早已成為人們心中的一種寄託和情結。時至今日，人們仍常常到此觀賞、祭拜。就連遠在外地的瞻榆人，只要重返故里，也都要到此瞻仰古榆的風采，寄託無限的情懷。有文人墨客在老榆樹下銘碑賦詩曰：「獨撐瀚海八百年，虎嘯龍吟憾長天。神龜初顯驚蟄日，福佑蒼生濟世間。」

此外，在離古榆樹生長不足百米的山崗下，那一潭碧綠碧綠的湖水，它如一面淨月，無風時微起波瀾，風大時波瀾不驚。據老人們講這數百年來它從未乾涸過，靜靜地伴著老榆樹的「滄桑歲月」。這潭生命之水在老榆樹青春永駐的神話中又勾起了人們更多的遐想。

▲ 瞻榆老榆樹

全省最大的包拉溫都野生杏樹林

包拉溫都蒙古族鄉有一處大自然造就的天然奇觀——萬畝杏林，這是亞洲最大的一片野生杏樹林。在東西長四十餘公里、占地二萬多畝、連綿起伏的沙丘上生長著一百多萬株天然山杏樹。仲春時節，一夜東風，滿山的野杏便是千樹怒放，萬頃飄香。此時當你來到美麗而神奇的包拉溫都，站在高處，遠遠望去，百里花海連綿起伏，漫山遍野，無際無涯。空氣中瀰漫著濃得化不開的杏花幽香，讓人情之悠悠，心之蕩蕩，頓生香雪無涯，馥風有至的感嘆。

待到近處，眼睛彷彿是多餘的了。萬餘畝的杏林形成了一片炫目的洪流、花的海洋、花的世界，眼球已無法詮釋，只有用心去感受，用心去與那原始的野情去交流。花叢中，尋枝撥葉，踏草而行，倏地就會有種如蹈仙境之感覺，如同洛神一樣御水而渡。縱然水非洛水，人本凡人，但卻飄飄欲仙，凌波微步。一種蹈賢履雅，清奇靜逸之感瞬間就浸入了骨髓，讓人永生難忘。

▲ 流香百里杏花林

蝶繞蜂纏過後，花事零落，一晃已近盛夏。此時，山丘之上的主導色由粉白轉綠，紐扣般大小的青杏密密匝匝隱藏在紫枝綠葉之間。曉露鋪陳，微風乍起之際，泛著光澤的杏葉好似一片望不到邊的綠雲，用生命的色彩塗抹著高天闊地。此刻，不禁讓人想起蘇東坡「花褪殘紅青杏小，燕子飛時，綠水人家繞。」的美妙詞句。

野杏成熟時，你不妨吃上兩顆。不過那青杏光是看著就已滿腮的酸意，咬將下去更是讓人皺鼻擠眼，口中涎水頓生，儼然一部「望梅止渴」新篇。不過，包拉溫都蒙古山杏可不一般，曾有專家考證，蒙古山杏可以預防腫瘤。

其實這片杏林帶給人們並不僅僅是這些，山杏樹的根是根雕材料中的上上之品。有的枯根一挖出來，便令根雕人驚喜不已。他們形態各異，或像「三星繞月」，或似「仙鶴騰空」，或若「嫦娥奔月」，在民間藝人或藝術家們巧手輕鑿之下更具藝術品位。另外，山杏仁不僅可以入藥，有清熱止咳之效，還可以生產加工杏仁罐頭、飲料、杏仁油、美容霜等。

早在一九八六年人民日報出版社的《話說杏林》一書中包拉溫都野杏林就被列為吉林省的旅遊景點之一，成為了當地一塊自然的、歷史的、文化的瑰寶，讓人矚目和遐思。

天然原始的向海濕地

向海濕地景觀是通榆最具代表性的特色生態景觀之一，它位於通榆縣城西七十公里處，屬國家級自然保護區，幅員一〇點五五萬公頃。保護區南北長四十五公里，西與內蒙古科右中旗接壤，北與洮南市相鄰。保護區橫跨通榆縣五個鄉鎮場、十二個村、三十二個自然屯，有二萬人口在區內從事著農、林、副、漁各業生產。

向海地形複雜，生態環境多樣，多種生物區系與複雜的生態環境互相滲透，沙丘、草原、沼澤、湖泊相間分布，縱橫交錯、星羅棋布，構成典型的濕地多樣性景觀。區內林地面積二點九萬公頃，形成四大生態景區，即：沙丘榆林、湖泊水域、蒲草葦蕩、羊草草原。區內共有植物五九五種，野生脊椎動物三百餘種，其中一級保護動物十種，二級保護動物四十二種。

向海自然保護區由於原始生態良好，加之保護成果顯著，一九八六年被國務院批准晉陞為國家級自然保護區，一九九二年被國際野生動物基金會評定為「具有國際意義的A級自然保護區」。二〇一二年九月被評為首批全國低碳旅遊示範區。向海不僅是中國的一塊寶地，也是世界的一塊寶地。

▲ 國家級自然保護區——向海

向海是大自然的珍品，是鳥類的天堂，是AAAA級旅遊景區，位居吉林八景前三甲。千姿百態的蒙古黃榆，碧波粼粼的湖泊，起伏跌宕的葦塘，茫茫無際的草原，都給人們以回歸自然返璞歸真的感受。向海既保留著原始古樸的自然風貌，又展示著新世紀的現代文明。向海風光秀麗，景色宜人。如果是流火的七月你來向海，即使再遠的路程也不會感到枯燥無味，因為那滿眼的綠色首先就使你的眼睛醉了。當行至向海，你的心也會醉了。醉在那清淨的蘆葦蕩裡，醉在那令人目眩的湖面水天交接處，醉在那丹頂鶴展翅飛翔時帶起的靈光裡。

　　第一次來到向海，攬海閣是必須要登的，因為它是自然保護區的制高瞭望點。閣高三十二米，當你步步登高時，向海的美也就一點點浮現。置身閣頂極目遠眺，天地間亙古洪荒時的原始自然生態從八方湧來，讓人意動神馳。遠處三大水系交匯融通，霍林河、額木太河、洮兒河奔湧著闖將進來，滋潤著草原、沼澤、榆林、蒲草、葦蕩，清澈的河水孕育著生命的靈光。蜿蜒起伏的沙丘上，蒙古黃榆千姿百態、婀娜多姿。星羅棋布的水泊中，蒲草叢生，蘆花搖曳，蒲草葦蕩水清淺，青絲搖曳蝶紛飛。一望無際的原野，宛若一整塊兒的綠毯，溫順地鋪在黑色的土地上，芳草如碧絲，秦桑低綠枝，一種懷古思幽的感覺油然而生。

▲ 到向海旅遊的人們

進入向海自然博物館，這裡猶如一個天然的野生動物園。幾百種珍禽異獸標本活靈活現，栩栩如生。披霜帶雪的野狼、亮翅舞爪的禿鷲、飛奔擊雪的野兔、舉止凝重的天鵝、嘴似琵琶的白琵鷺、目露凶光的金雕，還有那引頸展翅的丹頂鶴、灰鶴、白枕鶴……它們會把你帶到一個如夢似幻的神奇地方。

站在洗浴場白色的沙灘上，向海湖如一大塊兒碧玉呈現在眼前。碧水長天，煙波浩渺，百鳥低翔，沙鷗翔集，錦鱗游泳。投身湖裡，遠古的生靈波影伴著一種清涼蕩心的感覺向你飄來，在現實中古樸的自然風情讓人迷亂，不能自已。

如果你是釣魚愛好者，那麼，向海南濱的釣魚台正等待著你。這裡的魚有鯖、草、鰱、鱅四大家魚，還有武昌魚、鯿花魚等珍貴魚種也吐著泡泡自在的浮上浮下，必令垂釣者桿不離手，專心致志，其樂無窮。

向海是當之無愧的鳥兒的天堂。除卻「千鳥島」上數千隻灰沙燕之外，尚有數不清的多種水鳥。它們從水面到天空，由沼澤至草地，自沙丘到葦塘，鋪天蓋地，無所不在，游禽、涉禽、鳴禽、草原鳥、濕地鳥、林棲鳥，各種鳥類都在為自由而唱，為生命而歌。

向海更是個動物王國，許多動物都把這裡當成了自己的家園，就連凶殘成性的狼在這裡也成了保護動物，體現了人與自然的和諧。沿一條通幽的曲徑逐林撥草，在林草深處，會有一隻隻野兔在向你探頭縮腦，興起追趕的時候，林中響聲大作，各種動物四野狂奔。如果幸運，你還會看到一隻傻狍子在水邊喝水……

向海，這個美麗的地方，來過的，給人留下一生的回味；沒來過的，是你永遠的嚮往。

仙鶴島　在向海自然保護區，有一個三面環水一面臨山的著名小島，名曰「仙

▲ 仙鶴島

鶴島」。島上植被繁茂，灌木蔥蘢，環島的一片淨水中，蒲草葦蕩高可過人，茂密連片，風景絕佳。

良好的生態條件，優雅的自然風光給珍禽的飼養馴化提供了極好的條件，也給鳥類愛好者們提供了一個與鳥嬉戲拍照，享受和諧快樂的美好空間。在這塊小島上，除了丹頂鶴之外，尚有多種鳥類。這裡的鳥兒們都是經過人工馴化的，因此足可讓遊人觀個透，看個夠，而絕非「驚鴻一瞥」，轉瞬不見蹤影。進得島上，首先看到的就是猛禽禿鷲，這些凶猛的傢伙彷彿對每一個遊人都不屑一顧，只是自顧自地梳理羽毛。當看見管理人員扔進來一隻活禽供其啄食時，其凶猛的本性就顯露無遺了。展開的羽翼有鋪天蓋地的感覺，小小的獵物早被嚇呆，還沒來得及逃跑就已束手就擒成為禿鷲的美餐了。

珍禽籠內，體態優美的東方白鶴高傲、穩重地站在籠內，冷冷地看著過往的行人。而性情機敏的灰鶴則用一雙機警的眼睛直盯著你，彷彿隨時防備著什麼。玲瓏乖巧的蓑羽鶴則不時把長長的嘴伸出籠外，親暱地在遊人身上蹭上幾下，以示歡迎，惹來遊人陣陣歡笑。球形籠內還有百囀千鳴的百靈、專食蘆花的葦鳥、會嗑瓜子的蠟嘴雀，它們用自己美麗的歌喉盡情地歡唱著……

鶴島裡最重要的「人物」，是人工馴化的半散養的丹頂鶴，鶴島也正因此而得名。紅豔欲滴的鶴頂、長長的喙、黑漆漆的眼、白色的羽毛、纖細的長腿，這濕地的生命是那樣的親切可愛，又是那樣的聖潔無瑕。下午天氣好的時候，如果有幸，你還會看到放鶴，這是最令人目眩神搖的一刻。隨著鶴的清鳴聲，幾十隻丹頂鶴展開雙翼凌空而起，當掠過你身邊的時候，你的心也會在剎那間隨著仙鶴飛上了藍天。真是「觀鳥何須問童子，鶴朝如儀舞翩躚」。

這就是仙鶴島，一個群鳥咸集、遊人畢至的地方。

千鳥島　位於向海自然保護區境內，是向海湖內二十八個小島之一。千鳥島因灰沙燕在島上築巢而得名，因此又稱千鳥巢。

▲ 千鳥巢

夏日，在向海湖上，乘一葉輕舟，撐一支長篙向東而去，漸漸地，千鳥島就近了。從遠處看去，只見天空中成群的灰沙燕遮天蔽日的盤旋，唧唧啾啾之聲不絕於耳，好一派繁忙熱鬧的景象。

待繞著小島轉個圈兒來到島的北面，細細望去，就發現小島的北側被常年的季風自然雕砌成了一個直上直下的立體斷面，小鳥的巢就建在這個斷面上。這個斷面上有成千上萬個直徑僅有五公分大小的小洞，小小的灰沙燕們就以這個小洞為家，它們各自「對號入座」，在自己的家裡飛進飛出，奔波忙碌，形成了一條川流不息的生命之河，生命的意義在這裡演繹得淋漓盡致。看著這些小精靈的生命之舞，此時人間的所有煩惱，將被驅趕得無半點蹤影。

百鳥園　又稱鶴類救護中心。是為了拯救瀕危物種、擴繁種群數量而建的。該園占地三點八萬平方米，投資一〇四〇萬元，是目前亞洲同類建築中規模最大，集救護、科研、觀賞為一體的綜合性設施。園內鳥類數十個品種，數百隻。其中有濕地鳥、草原鳥、森林鳥等。園中清流環繞，有棧橋、蘑菇亭、仿真山、瀑布、自然叢林、投食廣場等，建築風格接近自然。這裡一年四季有綠，三季有花，環境優雅，空氣清新。遊人可與鳥近在咫尺拍照、嬉戲，共享人與自然和諧相處的妙趣。

▲ 百鳥園

集「五個中國之最」於一身的墨寶園

落成於二〇一一年九月三日的墨寶園書法主題文化園林地位於通榆縣新華街廣白路，一期占地六萬平方米，是一座集國內外當代書法名家的書法作品碑刻藝術和園林建築藝術於一體，融傳統文化與現代設計於一身的書法主題園林，是充分展現通榆地域文化、生態旅遊文化特色的文化園林。

墨寶園創造了五個第一，即中國第一個北京大學的「文化書法」碑林；中國第一次集合世界各國書法家協會主席碑林；中國第一次集合一個時代頂級書法家集體創作《唐詩三百首》《宋詞三百闋》碑林；中國第一個狀元碑林；中國第一個大地印章園林景區。是通榆向海自然、科學、人文、旅遊建設的重要一環，是一個文化旅遊景點、國際書法交流平台、國學教育大講堂。也是通榆市民的休閒公園，更是中華民族的一項精品文化工程，具有「當代書法博物館」的功能，在弘揚中國優秀傳統文化上具有里程碑意義。

墨寶園的整個園區與國際A級濕地、國家AAAA級景區—向海等自然風光

▲ 墨寶園

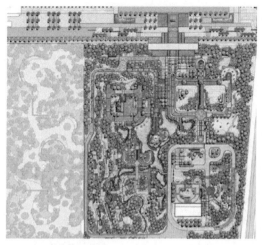

▲ 墨寶園整體設計圖

和諧交融。其建築布局由「中國向海」四字組成，從空中俯瞰，猶如一枚方形的「大地印章」。每一字為相對獨立的藝術字園區，分別具有不同的主題，具體如下：

「中」園

「中」園，係北大文化書法園，即北京大學書法研究生班書法家的作品碑林。北京大學書法藝術研究所成立於二〇〇三年十一月，這標誌著北大第一次確定了書法藝術學科，把書法藝術引入其教育體系和教育制度當中。「中」園內共設有八處具有代表性的主景觀。

博雅廊 「中」園古香古色的長廊裡懸掛的均為北京大學書法研究生班書法家的作品，目前共收入兩屆研究生的作品，以後還將按屆期陸續收入精華作品。北大書法研究所通過全國統一考試，在海內外招收書法學碩士研究生和書法學博士研究生。北大書法研究所成立以來，積極開展對外學術和藝

▲ 博雅廊

術交流，舉辦書法藝術論壇和海內外書法交流展覽。在日本、韓國、美國舉辦高校師生書法交流展，出版書法藝術教材和刊物，開設了北大書法藝術網站。作為碑林公園，「中」園內精湛的書法藝術與極致的碑刻技藝得到了專家們的一致好評。

聚賢廣場　其特色景觀為弧形的名賢牆，它集合了以錢先銅、劉萬濃、王選等為代表的二十六位北大先賢們的作品，其中嵌有四方小印章，即代表著北大精神的「科學、民主、自由、進步」八字校訓，不對稱的弧線牆身，體現著設計者一種放的理念，欲行又止的「臥駝」石，書香滿腹的「經箱」石，將整個小廣場裝扮得生動活潑。

七星石陣　黃底紅字、錯落有致的七根圓柱氣勢龐大，散發著古老的文化氣息。不同的字體代表著書法歷史發展、演變的不同時期，駐足期間，在欣賞漢字歷經歲月打磨演化的過程中，更讓我們為祖先的偉大智慧而感嘆自豪。

書法二十星宿之十五星宿墨寶園中的神態各異的二十座星宿雕塑，是中國書法歷史璀璨星河裡最具標誌性的二十位書法大家。「中」園裡安放的是其中的十五座星宿，他們分別為王獻之、智永、歐陽詢、孫過庭、懷素、柳公權、黃庭堅、米芾、鮮于樞、康里子山、祝允明、文徵明、董其昌、王鐸、鄧石

▲ 七星石陣

如。二十星宿的名單是由北大書法所的專家和故宮博物院書畫鑑定大師單國強等大家共同來確定的。銅像由中國首席雕塑大師錢少武的學生、雕塑院的副院長溫闊教授親自操刀完成，錫銅合金的材質可百年不損。

九碑牆　墨寶園中的每一座碑石，都蘊藏著極為豐富的文化內涵，在內容上包羅歷史、宗教、文化、地域等各個方面，而在書法藝術上，更是真、草、隸、篆、行眾體兼備。九碑牆是最為鮮明的代表，除了祿、壽、喜幾塊中國傳統代表性的碑帖外，還囊括了歷史各個朝代書法大家的經典之作，有王羲之的《蘭亭序》、趙孟頫的《膽巴碑》、蘇軾的《赤壁賦》、黃庭堅的《砥柱銘》等十八幅作品。

▲ 九碑牆

「國」園

　　「國」園係主席園，即國內外書協主席的作品碑林。「國」園氣勢恢宏，盡展大家風範。二十星宿之中的王羲之、顏真卿、張旭、蘇東坡、趙孟頫五尊塑像矗立在望星瀑邊，被各處景觀競相環繞。

望星瀑　望星瀑在五尊書壇巨星雕像的西邊，取其名為守望聖賢之意，瀑布由上好的松花石疊成，臨聖音而靈性，將自然與人文巧妙鏈接，與四周各國書法協會主席的碑刻、奇石景觀相應生輝。

　　藝術活動中心　獨具匠心的墨寶園藝術活動中心，融古樸風韻與現代氣息為一身，從外形上看酷似兩個建築，一樓設有書法展廳和書法講堂，將定期開展書法創作、展覽、交流活動，二樓為陳列館及各項功能室，具有多種實用功能。

　　影雕　巧奪天工的影雕作品精美極致，作品上每一個圖案都是手工一點一點兒打磨出來的，沒有任何著色。取向海榆林秀水之美景，集濕地丹頂鶴之靈

▲ 藝術活動中心

氣，影雕作品由福建惠安大師製作完成。由國家城鄉建設與環境保護部部長葉如棠為影雕題寫了「海為龍世界，雲為鶴故鄉」的對聯，更加凸顯和呼應通榆向海是鶴家鄉的地域文化特點。

　　牌樓　中國式的牌樓將整個園子的《唐詩三百首》、《宋詞三百闋》及八塊唐宋極具代表性的印章碑刻作品均分為兩個部分。作為中界線的牌樓上方題

▲ 牌樓

有中國文聯副主席，中國書法家協會顧問段成桂先生手書的：「唐風宋韻」，
下方是書法家歐陽中石所書的：「唐詩三百首，宋詞三百闋」及中國書法家協
會主席張海的賀信，古樸典雅盡展中國風。

「向」園

　　「向」園係德政園，即通榆自一九五八年建縣以來歷任縣委、縣人大、縣
政府、縣政協主要領導書法作品；通榆籍或在通榆工作過的副廳級以上領導書
法作品。

　　地域文化牆　這裡是極具地域特色文化的通榆年畫與剪紙牆，素有「中國
現代民間繪畫畫鄉」美譽的通榆，曾創作出吉林省第一幅年畫《打豬草》。年
畫《剪窗花》十一次再版，發行數量居全國之首。二○一○年六月，關東年畫
亮相於上海世博會，擁有一百多年歷史的年畫藝術讓人讚歎不已。正面十幅通
榆烤瓷年畫是景德鎮陶瓷，背面烤瓷十大元帥剪紙是北京景泰藍的，出自剪紙
藝術家李銳士先生之手，絢麗的色彩、獨特的構圖將這一景觀成為「向」園中

▲ 文化亮劍石

的亮點。

　　石碑陣　德政園中一個個高聳的石碑上，鑴刻並見證著通榆以人為本，生態為根，城市為支撐，經濟為核心的建設思路。先後引進實施的三一風電產業園、華儀風機製造、五百千伏升壓站等多個足以改寫通榆歷史的超億元項目，書寫著通榆黨政一班人一心為民的風電之功。「讓文化照亮明天」更加主題鮮明的昭示著通榆縣委、縣政府實現縣域文化與經濟交融進步的信心。

　　百硯樓　百硯樓是中國硯文化展覽館，薈萃古今名硯，奢華極致。所有館內展品均為中國文房四寶基金會的理事長王雲龍先生捐贈予墨寶園的。在參觀完整個園子後，王雲龍先生不無感慨地說道：「這個園子的建造是一個創舉」。

　　紅色經典　紅色經典是以中國共產黨的傑出領導人毛澤東、周恩來等革命先驅為代表的書法碑刻經典之作。給人警醒，發人深省。

　　寶島文峰之文化亮劍石　墨寶園中唯一的「自由地帶」，不隸屬於任何一

▲ 狀元手印牆

園，小島四面環水，島心矗立著全園最高的石頭——文化亮劍石，該石高十一點九三米，寓意著這個園子是二〇一一年九月三日落成的，同時他也是園子的點睛之作，正面是毛主席手跡「風景這邊獨好」。背面是書聖王羲之所書的「群賢畢至，少長咸集」。這塊石碑充分體現了通榆縣委、縣政府一手抓經濟，一手抓文化的信心與決心，故此得名為「文化亮劍石」。

「海」園

「海」園係狀元園，即自一九七七年恢復高考以來通榆歷屆高考狀元的書法作品碑林。園中假山、水榭、垂柳相得益彰。寓意美好的「攀登」石、「鰲頭」石等景觀石催人奮進，濃濃的書香氣息縈繞其間。

狀元牆　印有通榆歷年來高考狀元手印的狀元牆，記錄的不僅是通榆莘莘學子成長的印跡，也是通榆教育均衡發展的一個見證。近些年來，通榆高度重視教育優先發展戰略，連續十二年走在全市首列，並躋身全省先進行列。二〇〇九年，被評為全國推進義務教育均衡發展先進地區。二〇一〇年，又被教育部確定為全國推進義務教育均衡發展試點研究縣。正因為擁有這樣良好的教育機制和教育氛圍，才使得通榆學子們千峰競秀，人才輩出。

競秀山　群峰俊美的競秀山分外壯觀，在其中的巨石上設計者給狀元碑林

銘刻了五個主題詞倡導孩子要綜合成長：「敬師」「養德」「尚學」「永續」「龍騰」。教育孩子感師恩、養美德、崇尚學習，並將這種風氣永續傳承。

　　狀元廊　狀元廊均為狀元們的人生感言。遊園小憩其中，可品讀廊內妙文，可觀賞廊外奇石。

　　秀石美文間一灣碧水清新怡人，一座小橋醉臥其上，由海園伸向國園，故而得名「連國橋」，置身橋上一覽眾園。剪紙牆上流暢的石刻線條將通榆的剪紙技藝表現得淋漓盡致；一處小景觀石更是別緻精巧，它像一方硯台，下設天然硯池，上面嵌有一塊火山石板，取一支筆，蘸滿「墨」水寫字留念，拍上一張照片別有一番心境；「見人長當思齊」的「修齊角」更是寓意深刻。同時這裡也留下了一些石料，加大今後的園內容碑量。

　　墨寶園的建造，必將牽動文化和旅遊兩個戰略性產業的融合發展，並極大地提高通榆的知名度。這些現代書法名家不但書法造詣高深，也都具有很大的社會知名度，他們能為通榆揮毫潑墨，把這些書法精品永久地保留在通榆，成為不朽的文化傳世瑰寶，必將推動通榆縣的文化、經濟、社會的快速發展。

第五章——

文化產品

　　通榆，塞外草原的一顆珍珠，物華天寶，人傑地靈。數千年的文明發展史
積澱形成了其地域特色鮮明的文化個性。立縣百年，通榆本土文化的傳承人，
殫精竭慮，推陳出新，創造出大量令鶴鄉人驕傲、世人矚目的文化產品。這些
獨具特色的文化產品，承載著縣域文化產業發展的明天。

地域文化的標識──年畫

通榆年畫是一部地域文化的史詩，粗獷豪放，用構圖記錄下新石器時代以來眾多民族在這塊神奇的土地上創造的璀璨文明；她是一種精神，喜慶吉祥，用線條詮釋著人民群眾對美好生活的嚮往，用色彩點綴了往昔的新年；她是一張名片，傳承創新，用嚴謹演繹民間藝術的瑰寶，用質樸推介著古老而又年輕的塞外新城。

濕地文明賦予了通榆年畫的靈魂，同時，通榆年畫成就了通榆小城。早在二十世紀七〇年代初，通榆年畫就享有盛譽，年畫《剪窗花》曾創下了連續發行十年、單張發行量七億張的全國之最，並有多部年畫作品在國際、國內獲獎並被國家級美術館收藏。一九九一年，通榆縣被文化部命名為「中國現代民間繪畫畫鄉」。闖關東年畫被列入吉林省省級非物質文化遺產名錄。二〇一〇年闖關東年畫代表吉林省在上海世博會上展出，受到廣泛讚譽。

木版年畫

通榆的木版年畫又稱「闖關東年畫」，始於清朝晚期。二十世紀初，由於清政府的移民實邊政策，關內山東、河北等地的移民大量湧入當時已開始放荒的科爾沁草原。隨著關內移民的遷入，一些原在山東、河北一帶的民間藝人也隨之遷入，並帶來了所從事的技藝和家庭傳承，木版年畫就是在這一時期傳入通榆的。

木版年畫是用木板雕刻印刷畫的輪廓，再由人工或套版上色的年畫。刻板工具有鉋子、刮刀、砂紙等；印刷工具有案子、板刷、板墊、趟子等；繪稿工具有木炭條、香頭、狼毫筆等；裁紙工具有墊板、靠尺板、裁紙刀、磨刀石等；製版材料有黃榆木、柳木等。採用模板印製，也採用套紅、套藍、撲灰等

▲ 李向榮木版年畫《八仙過海》範本

中原手法，手法傳承上仍是中原與東北年畫的獨特融合。

通榆的木版年畫是闖關東的民間藝人帶到東北的，所以又叫「闖關東年畫」。通榆闖關東年畫的傳承主要以李向榮家族傳承為主。李向榮是吉林省木版年畫、無筆畫雙料「非遺」傳承人；吉林省民間文化工藝大師。李向榮的曾祖父李祥一八六八年由山東濟南府歷城縣千佛山遷至通榆。他把木版年畫的技藝傳給了後世子孫，傳承脈絡為曾祖父李祥→祖父李連春→父親李興亞→李向

▲ 李向榮木版年畫《闖關東》範本

▲ 李向榮木版年畫作品

榮。李連春曾在瞻榆鎮開辦年畫作坊，為了區別山東帶來的年畫和別家作坊的作品，他承襲傳統，兼容並蓄，博采眾長，在自製年畫的一角做了印章。因當時所住地歸洮南府管轄，故取名「洮南李」。「洮南李」年畫品質好，不僅當地人家逢年過節貼他家的年畫，就連周邊的包拉溫都的麋子荒村等少數民族百姓也都買他家的年畫。其代表作有《福祿壽》《連年有餘》《闖關東・山東棒子》《農耕樂》《八仙歌》《鳳儀亭》《門神》等。

通榆闖關東年畫早期以傳統年畫為主，並以喜慶吉祥驅邪打鬼等民間題材為主，主要分為三類。財神類有「財神」「福壽雙全」「四季平安」「五路進財」「童子磨寶」「財神還家」「聚寶盆」等。胖娃娃類有「五子登科」「觀音送子」「喜慶有餘」「連生貴子」等。民間類有「門神」「灶神」「水滸人物」「三打祝家莊」「蟠桃會」「水漫金山」等。

▲ 高靜闖關東年畫《抓子》

▲ 通榆文化旅遊等產品參展第九屆中國——東北亞投資貿易博覽會

解放後題材多以吉祥喜慶、民間風俗、民間故事為主，如：「八仙過海」「抓子」「大姑娘叼個大煙袋」等。

通榆年畫具有「廣泛的群眾性、題材的多樣性、印刷成本低、工藝較簡單」等特徵。通榆闖關東年畫產生於生產水平低下的農耕時期。由於年畫價格低、裝裱性強的特點，受經濟狀況所限，春節期間廣大民眾無論是佈置裝點房屋，還是圖吉利喜慶，年畫都是首選，因此在民間有廣泛的群眾基礎。通榆闖關東年畫取材於民間，內容吉祥喜慶、驅邪納福、追求進步、移風易俗、倡導新風尚等等，並且形成了自己的風格。

通榆闖關東年畫已列入白城市第一批、吉林省第二批非物質文化遺產保護項目，並確定李向榮、高靜為通榆「闖關東年畫」傳承人。上海世博會「吉林活動週」期間，高靜帶著「闖關東年畫」作品代表吉林省參加了世博會，受到國內外媒體和有識之士的關注。吉林省非物質文化遺產專家組組長曹保明說「……重要收穫在於我們以科學嚴謹的工作態度和工作方法尋找到了中國北方沒有木版年畫的空白，為中國和吉林省的非物質文化遺產寶庫又增添了一項珍貴的內容，我們將儘快把通榆木版年畫申報國家級非物質文化遺產並記入世界文化遺產史冊。」

現代年畫

建國前，境內沒有繪畫作品出版問世，僅有一些活動在民間的油漆畫工匠，畫一些人們喜愛的山水花鳥等箱櫃圖案。一九五三年至一九五八年，開通、

▲ 安學貴的年畫作品《年三十》

瞻榆兩縣文化館設美術輔導幹部，負責輔導業餘美術創作，但此間美術作品多為壁畫。一九六〇年夏季，縣文化館美術幹部朱家安為慶祝建黨四十週年創作的宣傳畫《中國共產黨萬歲》由吉林人民出版社出版。這是通榆縣第一張由出版社出版的美術印刷品。通榆的繪畫作品中，以年畫居多，其他畫種則數量較少。一九六一年，為了配合當時的政治形勢，宣傳「三自一包」鼓勵發家致富。開通公社文化站美術輔導幹部劉長恩創作了一張名為《打豬草》的宣傳畫張貼在開通公社文化站的畫廊裡。時任吉林人民出版社年畫編輯室主任的吳龍才先生來通榆組稿，發現了這張畫作，建議劉長恩在畫作上略作修改，變宣傳畫為「年畫」。於是一九六一年春節，這張名為《打豬草》的年畫正式由吉林人民出版社出版發行，為縣內出版年畫之首。嗣後，《打豬草》在香港印刷技術展會上展出，還被長春電影製片廠選作《兩家人》道具。一九六一至一九六五年，吉林人民出版社發行通榆年畫十一幅、宣傳畫一幅、連環畫二冊。其中朱家安創作的年畫《新春樂》，安學貴創作的《禮物》，魏瀛洲、姜貴恆創作的《剪窗花》等作品，

▲ 姜貴恒年畫作品《剪窗花》

在省內頗有影響。劉長恩創作的年畫《桃李梅》發行一七〇萬張。通榆年畫在省內已居重要位置。

一九七六年十月，通榆年畫創作重新興起，至一九七九年共創作年畫三十九幅。其中李樹芳創作的《主課》，劉長恩創作的《再請戰》，安學貴創作的《移山志》，劉慶濤創作的《田頭陣地》等十五幅作品，參加了全國美術作品展覽。劉長恩創作的年畫《咱隊的好獵手》被中國美術館收藏，《初蕩清波》被北京榮寶齋畫社木版水印刊發。

一九八〇年至一九八五年，在全縣創作出版的三十幅年畫中，有一幅獲全國二等獎，有兩幅獲省一等獎，四幅獲省二等獎，九幅獲省三等獎。安學貴創作的《年三十》，劉慶濤創作的《泉水叮咚》，劉佩珩創作的《買年畫》，參加了全國第六屆美術作品展覽。其中，《年三十》榮獲全國畫展二等獎，這是迄今為止通榆年畫創作史上獲得的最高獎項，被國家美術館收藏。

在專業美術工作者的帶動下，全縣業餘美術創作取得了可喜成果。最

▲ 孫寶貴年畫作品《咱隊的鐵牛年年增》

多時從事創作的人員達一百多人，每年創作年畫作品達一三〇多幅。先後有十人的年畫作品被吉林省人民出版社出版或參加吉林省群眾美術展。農民孫寶貴創作的《爺爺笑了》，賀長林創作的《山村新貌》，馬叢瑞創作的《百雞圖》均獲省農民畫三等獎。十三歲的小學生張恩利創作的《奶奶吃大的》獲省群眾美展三等獎。一九八五年，由天津、吉林、黑龍江、內蒙古等人民美術出版社出版的通榆年畫達十五種。

▲ 李樹芳及其主要作品

通榆的年畫技法不斷發展和創新。從傳統畫法到擦筆年畫，從一擦到底到擦畫結合，從半透明水彩到透明水彩，以致水彩技法、國畫技法的融入，畫面飽滿與大膽留白的交匯，民俗風格和現代韻味的互補，使通榆年畫在年畫界一枝獨秀。通榆縣創作的著名年畫有劉長恩的《打豬草》《咱隊的好獵手》《再請戰》；安學貴的《年三十》《家訪》《禮

▲ 劉慶濤及其主要作品

物》；劉慶濤的《田頭陣地》《我見到了毛主席》；魏瀛洲、姜貴恆的《剪窗花》，姜貴恆的《一花引來萬花開》；谷學忠的《愉快的暑假》《擁軍優屬巧扮春》《勞動致富多光榮》；劉佩珩的《長白珍奇》《同心協力》《喜迎春》；于家祥的《犖驢》；王育富的《鳥語花香笛聲脆》；李春萍的《春色滿園》等等，經過四代多位年畫作者的努力，全國有十家出版社共出版發行通榆縣年畫三百餘幅，在全國年畫領域有很大影響力。一九九一年六月二十五日，通榆縣被文

▲ 馬叢瑞作品《百雞圖》草稿

▲ 李春萍年畫作品
《春色滿園》

▲ 于家祥年畫作品
《犟驢》

▲ 王育富年畫作品
《鳥語花香笛聲清脆》

▲ 谷學忠年畫作品
《愉快的暑假》

化部命名為「中國現代民間繪畫畫鄉」。

　　上世紀九〇年代末，通榆也同全國一樣，經濟、文化發生了巨大的變化。同時，傳統文化、鄉土文化和民俗文化也經受著新時代氣息的熏染，年畫逐漸淡出人們的視野。二〇〇七年六月，由通榆縣人民政府，通榆縣老年書畫研究會編輯的年畫作品集《通榆年畫》出版，收錄年畫二九二張，較全面的記錄下了通榆年畫的繽紛與美麗。通榆年畫從通榆的歷史中走來，一路風塵，一路輝煌，送走一個個舊歲，迎來一個個欣喜。她寄託著通榆人祈福求祥的夙願，演繹著通榆民俗的世態變遷，她為通榆民間文化的發展留下了光輝的一頁。

鏤空藝術的傳奇——剪紙

鬼剪神工傳古韻，詩意雕影繪鶴鄉。通榆剪紙以其質樸趣味的藝術造型，生動鮮活的刀味紙感，融合地域民俗，在通榆這塊神奇的黑土地上綻放出獨特的藝術魅力和強勁的文化生命力。通榆剪紙是一種鏤空藝術，「剪刀飛走，彩紙繡花」，寄情於線條與裝飾之間，寫意在時間和空間之外，魚蟲鳥獸、花草樹木、亭橋風景、人物民俗⋯⋯在獨特的多維世界裡，給人以透空的感覺和藝術享受。通榆剪紙濃縮了漢文化的傳統理念，與景德鎮瓷藝、石刻藝術相互交織在一起，遞沿著古老民族的人文精神與思想脈搏，是傳統信仰與人倫道德的縮影，是地域民俗文化傳承的窗口。

通榆剪紙作為一種手工技藝，一直流傳於通榆民間。一些巧手的婦女們用平日做女紅的剪子剪出各種圖案的花紙貼在窗子上作為裝飾，也就是俗稱的

▲ 王岩少年時代現場剪紙表演

▲ 李銳士剪紙作品《孔夫子像》

「剪窗花」。這種工藝的傳承也多是巧手女人傳給了女兒，女兒又傳給女兒們……通榆縣的剪紙也大多以這種方式傳承下來。但剪紙的技藝更加純熟，內容更加廣泛，也不再是單純的貼在窗子上的裝飾，而是以民間手工藝品的形式被欣賞、收藏。

在通榆，王岩的剪紙較早地出現在大眾的視線之中。她的剪紙技藝來自於母親。早在上世紀八〇年代末，她的剪紙作品《加油》便在首屆國際少兒「春筍杯」書畫大獎賽中獲「佳作獎」，還有很多剪紙作品參加全國、省、市級美展及各種展覽，並多次獲獎。一九九八年，由她主講的《民間剪紙講座百集》在山東教育電視台和吉林教育台錄製播出並廣受好評。二〇〇九年六月，通榆王岩剪紙列入吉林省第二批非物質文化遺產保護名錄。其代表作有《金陵十二釵》《向海珍禽》《十二生肖》《鶴翔》四大系列。

▲ 王岩剪紙作品《大觀園》

作為「吉林省非物質文化遺產」代表性傳承人，李銳士的剪紙則打破傳統另闢蹊徑。李銳士家族擅長傳統剪紙技藝，從曾祖父開始到李銳士這裡已達第四代。經過李銳士的傳承、研習、借鑑與深化，形成了集創意、剪紙、詩藝、書法於一體的剪紙風格──李銳士稱其為「詩意雕影」。李銳士剪紙雖然源於家族傳承，但他對剪紙藝術沒有簡單地沿襲剪紙的傳統手法，而是在繼承傳統表現形式和技法上吸收了其他畫種的精華，為我所用。如版技法、素描、人物寫生等技法運用到剪紙作品，使剪出的人物形象生動，表情豐滿，線條明快簡潔，生動富有活力。在民間剪紙的基礎上，李銳士的剪紙作品廣收博采，別具匠心，其表現內容、藝術形式都與時代發展相適應。一九九八年吉林人民出版社出版了李銳士剪紙作品輯《中華英傑》，當年該書被列入白城市「兩史一情」教育輔助教材。在此基礎上，又於二○○六年吉林人民出版社出版了李銳士的第二本剪紙藝術專輯《絕豔驚才》。兩部書的出版發行，既奠定了李銳士剪紙的藝術地位，同時也進一步擴大了李銳士剪紙的影響。其作品不僅多次在白城博物館展出，也被選為市政府禮品餽贈國際友人。

　　在李銳士的人物剪紙作品集中了近千個古代、近現代人物，分「古今箴言」「中外人物」「大家書法」「墨寶風光」「名企廣告」「地域景觀」等六大

▲ 安秀俠剪紙作品《鶴鄉》

▲ 安秀俠剪紙作品《菊花》

系列，不僅有人物形象，還有詩意、傳記等，不論在剪紙技術，還是在表現內容上，都在原民間剪紙的基礎上有了創新和發展，賦予剪紙藝術以新的內容和生命力。二〇一一年「李銳士剪紙」列入「吉林省非物質文化遺產保護名錄」。

李銳士剪紙代表作品有《唐詩傑女》《宋詞傑女》《四大美女》《四大名旦》《國畫大師》《向海天工》《鶴鄉四韻》《龍騰盛世》《民族風情》《吉林八景》《秦淮八豔》《墨寶園美》《二十星宿》《十大元帥》《十大將軍》《孔夫子像》《孫中山像》《毛澤東像》等。近期擬與墨寶園合作，融合藝術要素、旅遊要素、市場要素和域外要素，綜合開發「詩意雕影」系列產品，如：國禮、郵票、金箔、飾品、手卷、冊頁等。

在「吉林省非物質文化遺產保護項目」中，王岩剪紙、李銳士剪紙先後躋身其中，足以說明通榆剪紙藝術的卓然超群，在他們的影響下，安秀俠、薛炳飛等一批剪紙藝術傳承人湧現。安秀俠的作品《鶴鄉四韻》《百福圖》《百壽圖》《婚慶圖》《鶴壽圖》系列，薛炳飛的作品《百蝶圖》《東北三大怪》《團花·人物·花鳥》系列，均具有較強的欣賞性、時代性，並引領通榆剪紙走向一個新的輝煌。

▲ 薛炳飛剪紙作品《蝴蝶》

▲ 薛炳飛剪紙作品《鐵鏡公主》

巧奪天工的神韻——雕刻

一雕一世界，一景一重天。古老的雕刻藝術歷經百餘年黑土文化的孕育，在鶴鄉通榆大地上生根、發芽、開花、結果，派生出「石雕、根雕、蛋雕、魚骨雕、葫蘆雕」五大類別。多項雕刻技藝被省市列入省市非物質文化遺產名錄。化腐朽為神奇，一塊塊頑石、一節節枯根、一枚枚蛋殼、一根根魚骨……本是平凡無奇的棄物，在巧奪天工的匠人手中卻成了「金鑲玉」，歷經千鑿萬擊的雕琢和洗禮，華麗轉身成為璀璨奪目的寶石、栩栩如生的造型。別具一格的構思，渾然天成的神韻，返璞歸真之間，讓人無不驚嘆大自然的神奇，無不感佩匠人雕刻技藝的精湛。

石　雕

在通榆，從事雕刻最早的是李國祥家族。李氏家族四代人從事雕刻行業，已有一二〇餘年歷史，最早以刻石碑、石龜蚨、石獸、石佛為主，實用性較強。一九七二年，時任蘇公坨公社教師李國祥的雕塑《收租院》在「全縣教學教具比賽」中獲得一等獎。這是通榆境內關於雕塑最早的記錄，只是此乃「泥塑」而非「石雕」。

▲ 李國祥石雕作品《上網查查》

▲ 李國祥石雕作品《富貴牡丹》

▲ 李國祥石雕作品　　▲ 李國祥石雕作品　　▲ 李國祥石雕作品《瓜果》
　《一鳴驚人》　　　　《龍鈕印章》

　　後來李國祥在傳統的技藝上形成了自己獨特的風格體系，作品可分為五大
體系，上百個品種，即俏色雕刻體系（利用石頭的顏色巧妙構思的作品）、仿
古雕刻體系（仿古禮器作品）、工藝雕刻系列（山水、花鳥、人物作品）、印
鈕雕刻系列（裝飾印鈕作品）、民俗雕刻系列（民間喜聞樂見的民俗題材作品）
等，作品極具觀賞性。李國祥石雕已列入「吉林省非物質文化遺產保護項
目」，李國祥、李曉民父子的石雕作品多次獲得國家和省級獎項，並遠銷十幾
個國家和地區。

根　雕

　　在通榆境內，存留著亞洲面積最大的蒙古黃榆林，蒙古黃榆是亞洲稀有樹
種，具有簇生成形、生長緩慢、木質堅硬等特點，與胡楊具有異曲同工之處，
被世人譽為植物生長的活化石。奇特、堅韌的蒙古黃榆不僅成了雕刻家的最
愛，其系列作品也暢銷省內外。其中，通榆根雕代表人物劉福山創作的黃榆根
雕作品《百鶴呈祥》，於二〇一〇年在吉林省工藝美術協會主辦的「吉林省第
一屆工藝美術大展」中獲優秀獎。在根雕技藝的基礎上，他又推出了根書系列
作品，如《龍》《壽》《仙鶴》《黃榆》等均供不應求，走俏省內外。

　　此外，姜勝利、陳向斌、薛炳飛、楊文博等木雕愛好者，在雕刻創作方面
均有創新。創作了《吉祥如意》《年年有餘》《大業有成》《茶台》《祥和》《菊

▲ 劉福山根雕作品《金蟬》　　　　　　　▲ 姜勝利人物根雕

花盒》《仰天長嘯》《百鳥爭鳴》《群英薈萃》《和諧》《招財進寶》《喜鵲》《筆
筒》等大量的木雕佳品。

蛋　雕

　　蛋雕就是將蛋殼鑽孔掏空，在蛋殼表面雕刻精美圖案刻琢成畫。蛋雕不同
於石雕、木雕，蛋殼易碎，雕刻者講究手、眼、心三合一，一個蛋雕作品往往
需要月餘甚至更長時間。通榆蛋雕工藝領軍人物劉景峰，幼年曾隨祖父劉義
海、父親劉興富學習蛋雕技藝，主要以一些簡單的人物造型和山水畫為主。進
入二十一世紀後，隨著視野的逐步開闊，劉景峰對蛋雕技藝加大了研究開發力

▲ 劉景峰蛋雕作品　　　▲ 劉景峰蛋雕作品　　　▲ 劉景峰蛋雕作品
　《迎奧運》　　　　　　　《蝶戀花》　　　　　　　《鶴鄉》

度。其作品主要以浮雕為主，內容多為濕地山水、花鳥魚蟲、人物肖像、京劇臉譜，詩文字畫常見畫端，山川河流大氣壯美，雲朵飛鳥栩栩如生，主輔相稱布局得體，惟妙惟肖，獨具特色。

二〇一一年，劉景峰的蛋雕被收錄進吉林省第三批非物質文化遺產名錄，蛋雕工藝被列入中央企業「五個一工程」。其作品有《向海景觀系列》《北國風雪系列》《草原駿馬系列》等，主要銷售於通榆及周邊縣市，部分作品打入外省市文化市場。

魚骨雕

「吉林八景」之一的向海是國家AAAA級旅遊景區，沙丘、草原、沼澤、湖泊相間分布，縱橫交錯，星羅棋布，構成典型的濕地多樣性景觀。美麗的向海湖內擁有魚類二十九種，為通榆魚骨工藝提供了豐富的創作資源。

▲ 于洋魚骨作品

▲ 于洋魚骨作品

▲ 于洋魚骨作品

▲ 于洋魚骨作品

魚骨工藝創作代表人物于洋，其家族三代從事魚骨工藝製作。于洋的魚骨雕刻作品構圖巧妙、錯落有致、手法細膩、立體感強。雕刻磨礪而成的魚骨、魚刺主要作為身佩、頭佩、項飾、胸飾、腰飾和家居擺飾等。如用魚的肋條骨繪製龍，鰓邊條和脊梁骨繪製丹頂鶴等形象生動逼真、構思奇特、寓意豐富的骨雕。目前，蛋雕及魚骨工藝均已成為省級非遺名錄保護項目。于洋魚骨工藝品主要分布於通榆、松原、長春等地。

葫蘆雕

葫蘆與「福祿」諧音，有吉祥之意，自古就備受收藏者青睞。葫蘆雕區別於其他葫蘆器的主要特徵是既非單純的範制，也非單純的雕刻，而是將範制、雕刻、彩繪融為一體，成為一門綜合的葫蘆器工藝。葫蘆雕的使用材料是品種不同、大小不同的天然葫蘆，剖開後利用不同部位，重新組合為造型各異的葫蘆器物。

通榆從事葫蘆雕刻的藝人楊文博，在傳承歷史傳統技法的基礎上，吸收其他文化因素或藝術形式精華而又有創新，其作品大氣、深沉、典雅、時尚，極具觀賞性和民族性，其代表作品有《龍鳳呈祥》《福祿壽喜》《合之則雙美》《火

▲ 楊文博葫蘆雕作品

▲ 楊文博葫蘆雕作品

▲ 楊文博大理石浮雕作品

眼金睛》等，同時楊文博亦擅長浮雕，其作品獨具匠心深受業內人士讚譽。

近年來，為推動通榆文化產業快速發展，通榆縣委、縣政府切實加強對非物質文化遺產的發掘、認定、保存和傳播工作，把具有地方文化特色的剪紙、攝影、年畫、木雕、石雕、核桃工藝、標本等系列文化商品與墨寶園系列文化

▲ 李峰核桃掛件

▲ 陳向斌標本《鴿子》

產品合理嫁接、開發，堅持品牌帶動，不斷提升文化產品競爭力，讓通榆雕刻藝術在文化市場上擁有了更加廣闊的發展空間。

▲ 劉福山標本作品《鷹》

▲ 劉福山標本作品《紅腹錦雞》

▲ 王曉娟標本作品《孔雀》

▲ 王曉娟標本作品《鸚鵡》

▍濕地文明的樂章──繪畫

　　水墨丹青今猶在，無筆也能做畫圖。在繼承和發揚中西流派畫法之外，通榆畫壇藝人以向海濕地文明為依託，開創了硬筆國畫的先河，創新了蘆葦畫、布貼畫等畫派風格，並先後躋身於省市非物質文化遺產名錄之中。細膩極致的工筆，大氣鮮活的構圖，通榆畫壇藝人將「沙丘榆林、湖泊水域、蒲草葦蕩、羊草草原」等獨特的濕地景觀盡收其內，描繪出一張張天然古樸的濕地美圖，勾勒出一幅幅無聲原始的自然畫卷。

　　在通榆這片土地上，與木版年畫並存的還有油筆畫、蘆葦畫和布貼畫幾種繪畫形式。

油筆畫

　　一九九九年十月在通榆縣「迎澳門回歸書畫作品展」上，一幅用油筆繪成的「畫」出現在人們的視野之中。它是一種用圓珠筆（俗稱油筆）繪製在素描紙上的硬筆畫，有國畫的氣韻，版畫的風格。油筆畫也被稱為圓珠筆畫，是一種由油筆繪製的組合藝術畫，是用各種色彩的圓珠筆繪畫，並將其封裝在透明薄膜內的一種油筆繪畫產品。其特點是用筆果斷肯定，線條剛勁流暢，黑白對比強烈，畫面效果細密緊湊，對所畫事物既能做細緻入微的刻畫，亦能進行高度的藝術概括，肖像、靜物、風景等題材均可表現，在中國則屬新畫種，已成為重要的素描手段之一。

▲ 費景富油筆畫作品《相守》

▲ 王麗娜油筆畫作品　　　▲ 王萍油筆畫作品　　　▲ 王萍油筆畫作品
　《大吉大利》　　　　　　《心心相惜》　　　　　《守望》

　　油筆畫的創始人是費景富，歷經近十年的研究創作，二〇〇五年油筆畫正式獲得了國家發明專利，被評為第五屆國家專利發明獎一等獎，國家科技成果二等獎。二〇〇七年油筆中性筆畫獲得國家發明專利。二〇〇九年油筆畫被列入「白城市首批非物質文化遺產重點保護項目」，同年被列入「吉林省非物質文化遺產重點保護項目」。期間，在費景富的影響下湧現出了王萍、王麗娜等一批油筆畫愛好者，並創造出了大量優秀作品。其中，二〇〇三年師承費景富老師，素有「輪椅天使」之稱的油筆畫愛好者王麗娜，因為與油筆畫結緣使她在繽紛的色彩間繪就出了多彩的人生。二〇〇七年，她的圓珠筆作品《知音》在《永遠的田野》開機儀式暨中國·向海民間工藝精品展中榮獲一等獎，二

▲ 姜燦大賽金獎作品《青蓮》

▲ 孫永鵬油筆畫作品《藍玫瑰》

▲ 王麗娜油筆畫《知音》

○○九年，油筆畫作品《鶴》在「輝煌60年」白城書法美術攝影作品展覽中獲一等獎，從二○○八開始，她的學生姜燦、孫永鵬等多人也分別在「第四屆藝教之星全國師生書畫大賽」「中華藝術英才獎第四屆全國書畫大賽」「第五屆藝教之星全國師生書畫大賽」中分獲金、銀、銅獎，她本人也獲教師組最高金獎。二○一三年，王麗娜榮獲「吉林省民間文藝藝術優秀人才」稱號。

隨著油筆畫在鶴鄉的推廣，越來越多的通榆人渴望學習這一新的繪畫技藝。二○一一年，費景富組織人員將油筆畫教法編成教材，並作為新華鎮中心小學的校本課程加以推廣，同年，成立了通榆縣油筆畫家協會。如今，現任油筆畫家協會主席的王萍帶著一批油筆畫愛好者們，正將油筆畫作為特色地域文化產品推向了市場。

蘆葦畫

蘆葦畫是以蘆葦的葉、桿、花穗為原料，經藝人剪、燙、帖、潤等十幾道

▲ 金維星蘆葦畫作品《蘆花飛雁》

▲ 金維星蘆葦畫作品《五鶴朝陽》

▲ 金維星蘆葦畫作品《秋實》

工序精心創作而成，整個畫面百分之八〇為蘆葦自然色差，百分之二〇左右用熨燙碳化而成，無人工著色，非常環保，堪稱「綠色藝術畫」。

　　通榆郁洋淀景區被譽為吉林省最大的葦海，天然蘆葦資源豐富，域內製作蘆葦畫者亦不在少數，其中以蘆葦局辦公室金維星主任的作品最為突出。金維星是白城市非物質文化遺產蘆葦工藝畫傳承人、白城市工藝美術家協會理事。二〇一二年他的作品《蘆花飛雁》在全省旅遊商品大賽中獲銅獎，二〇一三年金維星被省文化廳、省文聯評為民間文化藝術優秀人才。其代表作有《蘆花飛

▲ 劉福山蘆葦畫作品《榆姿婀娜》（趙萍　攝）

雁》《雙鶴圖》《五鶴朝陽》《秋實》《蘆葦書法》等。在金維星的影響下，一些工藝美術愛好者加入了蘆葦畫的創作行列，創作了一系列蘆葦畫文化產品。

布貼畫

布貼畫，又叫布堆畫、布貼花、布摞花，還叫撥花。它以粗布為原料，用袋裝染料直接高溫染製成各種顏色，由巧手婦女剪貼而成。其成品可以折射出當地固有的民族社會史、風俗習尚、地理環境和審美所賦予的光彩。

通榆張玉欣女士汲取延川布貼畫精華，將東北特色融入其中，創造出具有通榆特色的布貼畫。張玉欣布藝選材簡單，顏色多變，構圖精美，生活氣息濃郁，常以地方民間故事或民間傳說為主要題材入畫，極具裝飾性。其代表作有

▲ 張玉欣布貼畫作品《富貴人家》（姚彬　攝）

仕女、佛像、民俗、花鳥、風景等系列，二〇一三年她的作品《連年有餘》在吉林省旅遊展品大賽中獲得銅獎。張玉欣布貼畫被吉林省列為省級非遺保護項目。

無論是有「硬筆國畫」美譽的油筆畫，還是純手工製作的蘆葦畫、布貼畫，通榆藝人均將民族風情、濕地景觀、花卉飛鳥、動物圖騰等地域元素表現得淋漓盡致，通過顏色、紋理、質感將傳統工藝和現代理唸完美結合，創作出了一幅幅美輪美奐的藝術佳作，成為旅遊紀念、家居裝飾、餽贈親友、鑑賞收藏的精品。

▲ 張玉欣布貼畫作品《連年有餘》（殷宏偉　攝）

▲ 張玉欣布貼畫（趙萍　攝）

人與自然的對白——攝影

　　在方寸世界裡，把時空定格，用眼睛發現自然的神奇，用鏡頭捕捉稍縱即逝的美麗，於是，那指間小小的動作，無限光影就被剪輯成了一幅幅與眾不同的風景。鶴鄉通榆的攝影師是畫家，每一張照片都是敬畏自然的膜拜；他們是詩人，每一次聚焦都是人與自然的對白；他們是行者，走遍八百里瀚海，只為汲取生命裡那朵更美麗的浪花。

　　溯源通榆攝影的創作史，在一九六四年以前，縣內只有兩家照相館，無藝術作品記載，只有把拍攝較好的人物肖像，放在照相館對外展示的櫥窗內，用來做職業技藝的招牌。

　　一九六四年縣內第一幅攝影藝術作品問世。張相仁拍攝的《隊裡的羊羔》入選一九七七年縣裡舉辦的第一屆攝影藝術作品展，該展由縣文化館承辦，名為「通榆縣業餘攝影展」，地點是縣工會後院的平房，參加展覽的攝影愛好者大多來自於工業，農業部門和國營照相館。參展作品一百餘幅。

　　一九七八年張相仁的《接班》、遠寶尺的《聽北京聲音》入選白城地區攝影藝術展；張羽豐的《廣闊天地》、谷學忠的《鎖住沙龍》入選吉林省第

▲ 張相仁攝影作品《隊裡的羔羊》

▲ 劉殿芳攝影作品

▲ 張羽豐攝影作品《打井抗旱奪豐收》

▲ 穀學忠攝影作品《夕陽鶴舞》

八屆攝影藝術展。

二十世紀八〇年代，攝影作品由黑白照片向彩色照片發展。一九八〇年至一九八五年，全縣有二十幅作品獲獎。

一九八二年劉殿芳的《悄悄話》、張羽豐的《弄湖》入選吉林省首屆群眾攝影作品展；一九八四年劉殿芳的《展翅》入選吉林省首屆愛鳥周攝影作品展。

一九八六年至二〇〇〇年，全縣在省級以上展出攝影作品九十八幅，其中獲省級獎四十四幅，國家級獎九幅，出

▲ 大美向海攝影展

▲ 陳敬德攝影作品《寧靜的向海湖》

國參展二幅。獲獎數量最多者為通榆縣文化館的谷學忠。其中《冬戀》在由中
華人民共和國文化部、中國文聯、吉林省政府、長春市政府聯合舉辦的「第二
屆東北亞國際書畫攝影展」上獲銀獎。《草原新貌》在中國攝影家協會舉辦的
「迎十七大攝影作品展」上獲三等獎。

　　二〇〇四年，通榆縣攝影家協會成立，第一屆主席陳寶林。二〇〇九年，陳敬德擔任第二屆影協主席，重新登記的會員有六十餘人。其中谷學忠、趙俊、陳敬德、楊樹青、釋正林五人為中國攝影家協會會員，苗東海等十五人為吉林省攝影家協會會員。

二〇〇七年，攝影家協會在通榆體校一樓舉辦了「走進向海」攝影展。影展以向海的自然風光和人文景觀為內容，以讚美家鄉，宣傳家鄉為主題，共展出攝影作品近一百幅。影展歷時三個月，參觀人數近萬人次，在省內外引起極大反響。二〇一一年六月二十九日影協為建黨九十週年獻禮，在鶴城廣場舉辦「大美向海」濕地攝影展。攝影展仍以向海之美為主要表現內容，從多個層面和視覺角度深入探究向海濕地的清純和靈動。拍向海之景，攝向海之魂，影展觀者甚多。之後「大美向海」濕地攝影展參加了在白城市舉辦的白城市建黨九十週年邀請展，取得了良好的社會效益。

二〇一三年九月，由通榆縣委、縣政府、向海保護區管理局、吉林省攝影家協會聯合舉辦的中國「醉美向海」攝影大賽，吸引了省內外百餘名攝影愛好者，近千幅作品參賽，最終，大賽共產生了藝術類和記錄類特等獎各一名、金獎各一名、銀獎各二名、銅獎各三名、藝術類優秀獎四十二名、記錄類優秀獎三十三名，大賽突出展現了向海四季的美景和人文景觀，引起了良好的社會反響。其中，谷學忠的《醉美向海》（組照）獲最美向海攝影大賽藝術類金獎。

「關東攝影網」「東北風攝影網」「濕地中國網」是通榆攝影愛好者活動的平台。攝影家協會充分利用互聯網的傳播模式，在「關東攝影網」上建立通榆攝影版塊，通過網路結交域內外、國內外攝友來通榆交流創作。先後有韓

▲ 楊樹青攝影作品《暮歸》

▲ 趙俊攝影作品《邀舞》

國、香港、台灣、深圳、上海等地的攝影家和攝影愛好者慕名來到通榆，來到向海，他們的到來使通榆縣攝影作品更多地走出域外，向海的知名度也得到了很大提升。省攝影家協會會員苗東海因版主作用發揮出色，被東北風網站總版主邀請去美國採風和創作。

　　二〇〇四年十二月，趙俊的攝影代表作《天生向海》由吉林攝影出版社出版，此書為鳥類生態攝影集。其中，他的攝影作品《邀舞》榮獲第二屆中國綠化博覽會攝影展品銀獎；《鶴舞奧運》入選《情系白山松水》攝影作品集，並在迎接北京二〇〇八奧運會「吉林體彩杯」攝影大賽活動中榮獲優秀獎；二〇一二年，趙俊的又一部攝影集《家在向海》由吉林美術出版社出版，其中他的作品《山寨鵲橋亦多情》在「人・自然・生態」攝影大賽中獲得二等獎。

　　二〇〇六年六月，谷學忠的攝影代表作《百鶴風流》由吉林攝影出版社出版，收錄作者以丹頂鶴為題材的攝影作品一百二十三幅。先後有多幅作品在國際、省級大賽中獲獎。其中，他的攝影作品《綠色能源》在二〇一一年獲「天

▲ 谷學忠攝影作品《鶴鄉四季》（四幅組照）

景杯」優美吉林美好環境攝影大賽銀獎，攝影作品《同一首歌》獲二〇一三上海國際（郎靜山）慈善攝影大賽金像獎，攝影作品《鶴鄉四季》（四幅組照）在二〇一三年獲第二屆東北亞書畫攝影大賽銅獎。

　　二〇〇八年四月，陳敬德的攝影作品集《天姿向海》由吉林攝影出版社出版，文題分別為向海濕地、蒙古黃榆、天然杏林、沙丘榆林和風力發電，展示了通榆向海的自然風光和人文景觀；二〇一三年五月，陳敬德的第二部攝影代表作集錦《夢在向海》由吉林攝影出版社出版，一四二幅唯美的攝影作品分別以水草豐美絢麗多彩、百鳥爭鳴鶴的家園、黃榆盡染魅力無限、榆樹蒼勁沙丘連綿、杏林萬畝天生自然為文題，表現了作者對家鄉，對向海大自然的熱愛之情。其中，一幅名為《草原驕子》的攝影作品曾在二〇一一年，榮獲「江山如畫——慶祝建黨九十週年政協委員攝影作品展」最佳作品獎。

　　以谷學忠、陳敬德、趙俊為代表的通榆攝影家將大批優秀攝影作品推向了全國，推向了世界。

▲ 陳敬德攝影作品《草原驕子》

百家爭鳴的博弈 —— 文學

　　文章千古事，詩書百家鳴。通榆文學發展之路雖不久遠，但在立縣百餘年的時光中，卻湧現出大量優秀作品和大批代表人物。其作品植根於鶴鄉沃土，取材於民間生活，生命力強勁，鄉土氣息濃厚。文學創作涵蓋小說、傳記、戲劇、民間文學、散文、詩歌和地方文學叢書的編撰等方面。象牙塔內，鶴鄉文壇的文人騷客著書立說，百家爭鳴，儼然時代的舞者。他們用文字記錄下一方水土執著、進取的發展史，用智慧撰寫著時代文明的燦爛與輝煌。

小說、傳記

　　通榆的小說傳記發展主要經歷了以下幾個時期：東北淪陷時期、建國初期和改革開放時期。

　　在東北淪陷時期，通榆誕生了第一部小說——《花中恨》，這部作品是一部由開通縣業餘作者張春園創作，由奉天關東印刷局印行的中篇小說。

▲《滿園春色》

　　在建國初期，人民文學出版社出版了由著名作家馬加創作的以發生在通榆境內的真實故事為背景的中篇小說《開不敗的花朵》，該小說曾再版十四次，被譯成英、德、日、蒙等四種文字出版。一九七六年，劉殿芳、朱雪峰創作的故事《一架噴灌機的故事》在吉林人民出版社出版的《滿園春色》故事集中發表，為通榆文學創作增強了動力。

　　改革開放以來，通榆縣的小說、傳記創作進入高潮時期。先後出現了以全國著名的小說作家洪峰、省內作家劉殿芳、白城市作

家協會主席丁利等為代表的通榆籍作家群，他們活躍在全國各地，作品發表在《十月》《人民日報》《中國日報》《散文世界》《農民日報》《吉林日報》，香港《文匯報》《大公報》等重要報刊上。為通榆縣文學創做事業的發展起到了發動機和帶頭人的巨大作用。縣內也出現了陳秉道、劉志誠、蔡大剛、馬叢

▲ 《風車》

▲ 《綠城》

▲ 《霏霏清河雪》

▲ 《西荒》

明、遠保尺、張樹森、方浩倫、付鐵柱、王繼民、張水田、孫福昌、李永志、管有貴等較有成績的優秀作者。

　　時任什花道鄉文化站站長的王繼民創作的故事《娶媳婦》，於一九九五年發表在《農村青年》雜誌。時任新發鄉文化站站長的孫福昌創作的短篇小說《春天的童話》《花農》《老來順》分別於一九八八年、一九九〇年、一九九五年發表在《青年月刊》《青春與健康》《農村天地》雜誌上。一九九八年李永志的報告文學《聲屏金秋不了情》在中華全國新聞工作者協會國內部舉辦的徵文活動中發表，《鶴鄉情懷》在中華全國農民報協會舉辦的徵文活動中發表。二〇〇二年佘鳳華的報告文學作品《人生百里花路》獲得喜迎「十六大」人民日報舉辦的全國徵文比賽二等獎，被收入「十六大」獻禮叢書。二〇〇二年劉志誠與張水田合作的描寫吉林省著名二人轉表演藝術家韓子平的長篇傳記文學《樹大不忘根深土》在吉林人民出版社出版，這是通榆文學史上第一部長篇傳記文學作品，第一部由通榆本土作者撰寫名人的傳記文學作品，第一部縣長與普通農民共同合作出版的文學作品。二〇〇四年，朱家安二十萬字的《往事如煙》由香港恆嘉出版社出版。書中介紹了朱家幾代人的歷史，都是一些普通人日常生活的剪影，也是通榆二十世紀普通百姓生活的歷史見證。二〇〇五年縣作家協會成立後，時任縣作家協會主席的丁利牽頭創辦了通榆縣第一本文學季刊《風車》。《風車》變為向海保護局主辦刊物後，中共通榆縣委又經省新聞出版局批准，創辦了《綠城》文學季刊，由張水田任主編。這兩本刊物為通榆作者提供了良好的展示平台，為縣內文學作者創作水平提高起到了良好的推動作用。二〇〇六年，蔡大剛的傳記《海納百川——難忘的人生之旅》出版。二〇〇八年朱雪峰的長篇小說《霏霏清河雪》由人民日報出版社出版。二〇一〇年馬叢明的長篇「中國生態小說」《西荒》由作家出版社出版。二〇一〇年至二〇一二年朱雪峰以通榆為背景，以傳說為史料創作的近百萬字的長篇小說《向海故事》三部曲《古剎傳奇》《西荒風情》《向海人家》先後刊印出版。這些書籍為通榆的旅遊文化開發提供了可貴的文學素材。二〇一一年邊昭鎮農民

管有貴的十三萬字的長篇小說《昨日荒原》創作完成，這是通榆文學史上第一部由通榆縣內純粹的農民拿起筆來寫自己家鄉的作品，作品在縣內刊物《綠城》上連載。

除以上諸作品之外，因病癱瘓在床十八年的農村教師董殿生曾創作了近萬字的小說《木頭眼鏡》，八萬多字的向海傳奇故事《神話向海》。縣城內作者劉唯新創作了近百萬字的長篇小說《亂世風雲錄》，也都為通榆小說、傳記文學創作增添了色彩。

散文、詩歌

建國前民歌、民謠歷來是民間口口相傳的一種文學形式。通榆縣詩歌作者的作品沒有被記載。至一九六五年，見少數作者在省、地報刊、電台發表少量散文、詩歌作品。見於國家級報刊的散文、詩歌作品是一九七五年發表於《人民文學》第七期的什花道中學教師張柏石的詩歌《今年咱又豐收了》，在全縣散文、詩歌作者中反響很大。至一九七八年，業餘散文、詩歌創作人員數量快速增加，縣內的《習作》《杏花》《無名花》《榆錢》《丹頂鶴》等小報小冊子也開闢了詩歌散文專欄，刊登本縣作者的作品。由一九七九年開始至一九八九年十年間，縣文化部門每年都舉辦一次新春詩歌會，讓全縣喜愛詩歌的作者匯聚一堂，共賞詩文，共議詩韻，共享詩興。這一活動深受詩歌愛好者的歡迎，每年都有三十名以上的作者在詩歌會上朗誦詩歌作品，較好的作品被編入《通

▲ 《習作小報》

▲ 《貓吃五匹馬》

榆徵文》選。

　　廣泛開展的通榆文化系列活動，推動了通榆散文、詩歌的創作。一九八〇年十月一日，通榆縣遠志程的散文《賞花三題》發表於《吉林日報》文學版。一九八〇年劉殿芳的散文《山韭菜花泥》發表於國家級刊物《散文世界》。一九八一年，夏侯志遠的散文《霜花憶》發表於《吉林日報》第四版。一九八七年春節版的《吉林日報》同時發表了本縣作者劉殿芳、朱雪峰、徐慶春的三篇散文。一九八九年，通榆縣什花道鄉文化站王繼民的散文《舊報新讀》在《經濟日報》發表。一九八九年丁利的散文《童年的記憶》在全國青年散文大賽中獲優秀獎。一九九四年，通榆縣文化館于稼祥的散文《話說關東大炕》在《文化月刊》第十一期發表，一九九五年該文在吉林省文化廳主辦的群眾文化文學作品大賽中獲得一等獎。此後省內報刊、雜誌時見境內作者作品。二〇〇四年吉林人民出版社出版了通榆作者專集《百年頌歌》。二〇〇五年，佘鳳華的散文《異彩紛呈的通榆年畫》在吉林日報發表。二〇〇六年，佘鳳華的散文《有一個地方叫向海》獲二〇〇七年度省報紙副刊好作品評選二等獎。二〇一一年，葛筱強的詩歌專集《向海湖·或星象之書》在北京線裝書局出版，收錄作品一百餘首，四萬餘字，發表作品達一五六首之多。二〇一一年，佘鳳華的散文《向海濕地的傳奇》在《吉林日報》發表。

民間文學

　　通榆的民間文學自古以來就在廣大勞動人民的生產生活中口口相傳。在通榆境內，關於民間文學最早記載是一九五八年大躍進時期。當時縣內曾多次組織賽詩會、民歌、民謠、順口溜等頗為盛行的活動。此後在通榆縣的《習作》《杏花》等文學小報和小冊子上也有一定數量的民間故事、民歌、民諺等刊登。一九八一年一月六日遠志程的唱詞《改名》發表於《吉林日報》第四版。一九八二年，遠衛輝的民間故事《貓吃五匹馬》發表於吉林人民出版社出版的《新村》第三期。一九八四年，縣文化部門開展了首屆民歌、民謠和民間故事

徵文活動，編輯出版了《通榆縣民歌、民謠、民間故事選》（內部發行），四十篇五萬餘字。八〇年代，中華人民共和國文化部、中華人民共和國國家民族事務委員會、全國藝術科學規劃領導小組啟動「藝術科學國家重點研究項目——文藝集成志書」（統稱中國民間文學三套集成）的編纂工作和資料整理工作。通榆縣成立了民間文學集成編委會，於一九八七年十一月編輯出版了《吉林省民間文學集成——通榆卷》，主編遠寶尺。該書收錄故事、傳說一三九篇，民歌、民謠五十九首，民間諺語三一七條。

這些通榆人民歷代相傳的民間文學是通榆人民在各個歷史時期生活、勞動和鬥爭的生動形象的反映，是血與汗的藝術結晶，是永放光彩的藝術明珠，是一項最為寶貴、最有影響、最具特色的文化遺產。它一直深深地根植於通榆這片熱土，至今在人民的生活和勞動中仍具有旺盛的生命力和強大的影響力。其中《吉林民間文學集成——通榆卷》填補了通榆縣民間文學的空白，為通榆人民留下了一筆寶貴的精神財富。

地方文化叢書

通榆地方文化叢書涵蓋小說、散文、詩歌、楹聯、戲劇、傳說、報告文學、攝影、剪紙、書法、年畫等多個方面，為全面具體瞭解通榆文化提供了充分的依據。

《中華英傑》 剪紙藝術集，一九九八年六月由吉林人民出版社出版，作者李銳士。作者將中國近代史上湧現出的三百餘位「著名愛國者、民族英雄、革命先烈、傑出人物」以及「新中國成立以後湧現的英雄模範人物」等人的頭像用剪紙藝術形式來表現，並均配以一首讚美詩，此書為「兩史一情輔助教材」。

《星河燦爛》 報告文學集，二〇〇〇年十二月由時代文藝出版社出版，作者孫福昌。該書收錄作者報告文學二十篇，主人公多為縣、市、省勞模，亦有全國勞模和優秀企業家。

《世紀鶴鄉之聲》 十四萬字，二
○○一年十月由吉林人民出版社出版，主
編劉志成、丁利。書中輯錄了黨的十五大
代表白雲、全國金融系統點鈔冠軍劉衛
兵、全國特級警察王福利、全國勞動模範
張東興、白城市「十大女傑」楊金華，全
省優秀幹部尹一亮等一七○多位全縣各行
各業菁英代表的個人簡歷及精彩問答。

▲ 《燭光歲月》

《燃燭歲月》 文集，五十六萬字。
二○○二年十一月由吉林人民出版社出
版，主編丁利，是吉林省縣級第一部教師
傳記文集。

《百年頌歌》 詩集，十五萬字，二○○四年八月由吉林人民出版社出
版。主編孫玉峰、丁利。書中輯錄了古體詩、自由體詩一八○餘首。從不同側
面謳歌了通榆人民自強不息、開拓創新、永不服輸的精神。頌揚了水利人守望
熱土與大自然抗爭的頑強品格，是吉林省縣級第一部謳歌水利的詩集。

《報導總理的小城記者》 二○○四年九月由吉林人民出版社出版，作者
丁利，該書是作者獲獎作品和刊播作品的選集，書中收錄電視新聞、電視專題
片文本、廣播錄音通訊、通訊、報告文學、散文、詩歌等一百多篇。

《詩評剪影·絕豔驚才》 剪紙集，二○○四年十二月由吉林人民出版社
出版，作者李銳士。作者用剪紙、詩詞、書法、印章融於一體的藝術手法，表
現了一四九位中國歷代才女的風姿。

《天生向海》 攝影集，二○○四年十二月由吉林攝影出版社出版，作者
趙俊，此書為鳥類生態攝影集。

《往事如煙》 傳記，二○○四年由香港恆嘉出版社出版，全書二十萬
字，記敘了朱家安繪畫創作一生的經歷。

▲ 李銳士剪紙集
《詩評剪影·絕豔驚才》

▲ 《往事如煙》

《杏花天影》 詩詞集，二〇〇四年由香港恆嘉出版社出版，全書收入作者詩詞一六〇餘首，以詩詞獨特的韻律再現了包拉溫都杏花鮮豔明麗而不落凡俗的綽約風姿。

《天堂印象》 集郵冊，二〇〇五年由吉林省集郵公司發行集郵冊一套。

《向海自然保護區》 特種郵票集，二〇〇五年由集郵總公司發行，特種郵票四枚，郵折一枚。特種郵票的圖序分為：（4-1）T、（4-2）T、（4-3）T、（4-4）T。圖名與發行量分為：珍禽一二〇〇萬枚、榆林一一〇〇萬枚、湖畔一一〇〇、草原一〇九〇，面值均為八〇分。

《與中學生談對聯撰寫》 二〇〇五年，由吉林人民出版社出版，作者張崇元。該書重在普及楹聯基礎知識並與課堂教學緊密結合，通過極具針對性的楹聯撰寫能力訓練，有效提升廣大師生的語文綜合素養。目前，已成為全省十幾家學校的校本教材。

《點滴》 文集，二〇〇六年六月由吉林人民出版社出版，作者于家祥。該書為作者文學、美術作品的綜合彙集。其文學部分包括散文、專業論文、詩歌、楹聯、戲劇小品。美術部分包括年畫、攝影、實用美術等。

《百鶴風流》 攝影集，二〇〇六年六月由吉林攝影出版社出版，作者谷學忠。收錄作者以丹頂鶴為題材的攝影作品

一二三幅。

《仙鶴迷戀的地方》　二〇〇六年六月由吉林人民出版社出版，四十萬字，主編丁利。二〇〇六年四月三十日，通榆縣邊昭國家糧食儲備庫跨入中央直屬儲備糧庫行列。縣作家協會與該庫聯合舉辦了「國儲杯」徵文大賽，此書為「國儲杯」徵文優秀作品選集。書中輯錄了報告文學、散文、小說、詩詞一八八篇（首）。作者們的作品來源於生活，字裡行間表達著對家鄉故土的熱愛，對開拓精神的謳歌，對親情友情的眷戀，對美好生活的憧憬。

《走進人民大會堂的鶴鄉兒女》　二〇〇六年六月由吉林人民出版社出版，作者李永志，該書收錄作者報告文學三十四篇。

《走進通榆》　省內唯一公開發行的法制期刊《吉林畫報》，二〇〇七年專刊，對通榆的經濟發展情況以及自然風光進行了全面的介紹。

▲　《走進人民大會堂的鶴鄉兒女》

《霏霏清河雪》　長篇小說，二〇〇八年一月由人民日報出版社出版，作者朱雪峰。

《天姿向海》　攝影集，二〇〇八年四月由吉林攝影出版社出版，作者陳敬德。全集以向海濕地、蒙古黃榆、天然杏林、沙丘榆林和風力發電為主要內容，展示了通榆向海的自然風光和人文景觀。

《夢在向海》　攝影集，二〇一三年五月由吉林攝影出版社出版，作者陳敬德。攝影集中作者一四二幅唯美的攝影作品分別以：水草豐美絢麗多彩、百鳥爭鳴鶴的家園、黃榆盡染魅力無限、榆樹蒼勁沙丘連綿、杏林萬畝天生自然

為文題，表現了作者對家鄉，對向海大自然深深的熱愛之情。

《古榆歲月》 二十八萬字。二〇〇九年九月由人民日報出版社出版，主編丁利。此書為「白城市國慶60週年獻禮叢書」，是一本在通榆縣瞻榆鎮黨委、政府的鼎力支持下，由白城市文聯主辦，白城市作家協會、通榆縣文聯承辦的「瞻榆杯」全國徵文大賽優秀作品選集。書中輯錄了各類文學作品一四八篇（首），作者們把對瞻榆對白城的情感付諸筆端，文字優美，語言凝練。

《生命的軌跡》 文集，二〇一〇年三月由中國文聯出版社出版，作者吳雲峰，三十二萬字。該書收錄了作者的詩詞、楹聯、散文、報告文學和實用美術等數百篇，是一部題材寬泛、體裁全面的大型文學作品集。

《希望之路》 通榆縣紀念新中國成立六十週年論文集，二〇〇九年九月由吉林人民出版社出版發行，共集結理論文章一一二篇。

▲ 陳敬德攝影集《夢在向海》

▲ 《生命的軌跡》（殷宏偉 攝）

《西荒》 長篇小說，二〇一〇年由作家出版社出版，作者馬叢明。全書分為「老獵槍」「老黃狗」「老漁網」三部分。是描寫通榆原始生態的不可多得的一部作品。

《向海湖·或星象之書》 詩集，二〇一一年七月由北京線裝書局出版，

作者葛筱強，書中輯錄詩歌一百餘首，四萬字。本書通過「鐘擺」「波浪」「路標」等形象的事物，深入淺出地剖析了人性的思維方式，並且簡明扼要地指出了問題所在，同時提出了簡單易行的解決方案，讓我們重新審視自己的生命，尋找自己真正的幸福與快樂。二〇一四年三月榮獲吉林省第十一屆長白山文藝獎作品獎。

《印象家園》 文集，二〇一一年七月由吉林人民出版社出版，主編佘鳳華，副主編趙玉花、商志剛。書中收錄散文詩歌等體裁文章一百多篇，從不同角度、不同側面展現了鶴鄉的人文和自然風貌。

《大風歌》 通榆風電產業發展的報告專集，由中共通榆縣委宣傳部、通榆縣能源開發建設局、《吉林畫報·新農村》編輯部主辦，於二〇一一年十月編輯成冊。

《向海故事》 長篇小說，二〇一一年由華夏出版社出版，作者朱雪峰，該書分《古剎傳奇》《西荒風情》《向海人家》三部分。

《家在向海》 攝影集，二〇一二年由吉林美術出版社出版，作者趙俊。作者以獨到的鳥類生態攝影藝術手法和表現形式，體現了人、動物、自然的和諧相生。

▲ 《印象家園》

▲ 《大風歌》（姚彬 攝）

《鞏固書法作品集》 二〇一二年三月由中國現代文藝出版社、《中國書畫導報》編輯部出版，作者鞏固，書中輯錄作者行、草、楷書法作品四十九幅。

《雪地書窗》 詩集，二〇一二年五月由四川出版集團天地出版社出版，作者葛筱強，書中輯錄書評四十餘篇，十八萬字。該書收錄了作者的一些詩歌、散文、隨筆和書畫作品，真實記錄了作者讀書品人的心得和跋涉人間的心跡履痕。

《通榆年畫記憶》 二〇一二年由吉林大學出版社出版，作者鄒義勐。該書為二〇一二年度吉林省地方志資源開發立項項目，項目編號201204。全書從年畫的起源與發展述略、通榆年畫概說、地域風情、內容題材、藝術特徵、價值與影響、保護與傳承等方面進行了較為詳實的記述。精選了劉長恩、安學貴、姜玉恆、朱家安、劉佩珩等老藝術家的五十三幅通榆年畫作品進行賞析，透過展觀這些歷史的記憶，可感受到通榆年畫的魅力、通榆文化歷史底蘊的厚重、通榆人對家鄉的深情厚誼。作者還就通榆年畫文化產業的開發利用從不同的視角發表了自己獨特的見解。全書約十五萬字，彩色圖片七十二幅。

▲ 《鞏固書法作品集》

▲ 《通榆年畫記憶》（鄒義勇 攝）

▲ 《鶴鄉　百年通榆》

▲ 《向海的故事》

《通榆文化》　二〇一三年，由吉林人民出版社出版，主編范士金。該書是一部全面展示通榆文化、宣傳通榆文化、推介通榆文化的著作。《通榆文化》全書共十三章，收錄十九點三萬字、四百餘幅照片，以文物、遺址為實物，以考古學斷代為依據分別記述了通榆縣從新石器時期、遼金時期、元明清時期、近現代時期共四個歷史階段的文化發展歷程。該書全面梳理了通榆文化的歷史軌跡，深刻挖掘了通榆文化的豐富內涵，充分展示了通榆文化的獨特魅力，高度肯定了通榆文化的現實意義，對於提升通榆文化在社會進步和經濟發展中的軟實力作用具有重要的現實意義和深遠的歷史意義。二〇一四年五月五日，《通榆文化》作為記載通榆文化發展史的標誌性著作在縣檔案館永久收藏。

省級內部資料　《有這樣一片草原》，文集，二〇〇六年結集成冊，白城市文聯作家叢書，吉林省內部資料出版物，作者范士金。該書收錄作品近百餘篇（首），大部分曾發表於《吉林日報》《白城日報》《綠野》雜誌及全國民政系統的報刊。

縣級內部資料　自一九九三年至今，據不完全統計，通榆縣的內部資料有：通榆縣委縣政府出版印刷的第一本畫冊《中國·向海》，為紀念通榆縣建縣第一個百年創作的《鶴鄉　百年通榆》文

▲ 《通榆文史資料》

集和全面展示通榆縣「十一五」期間成就的《輝煌鶴鄉》彙編集，政協通榆縣文史資料委員會編撰的《通榆文史資料》，薛豐剛主編的紀實故事集《向海的故事》，胡煒東的古體詩、詞、曲、楹聯集《萬里古風》和《瀚海浪花》詩集，陳敬德的攝影集《魅力興隆山》，蔡大剛回憶錄《海納百川》，朱春宏的《霧中向海》散文詩歌集，王金江的詩集《歲月流歌》，蓋雲亭主編的《通榆年畫》畫冊、《十二生肖》（為王岩的剪紙作品）剪紙作品集和他的個人作品《瀚海心詩》《百年韻歌》《瀚海綠吟》《鶴鄉詩草》等詩集，王榮文主編的《二郎廟》傳說集，王金江的《絕句108首》，通榆縣依法治縣辦公室組織編撰、房曉東主編的《人民調解法宣傳教育楹聯選》等。

體裁多樣的地方文學，是域內學者智慧的結晶，是通榆縣三十六萬人民建設「書法文化名城」的宣言，是對這一方土地唱響的最美麗的頌歌。從經濟建設、社會發展、精神追求、生產生活等諸多層面，讓世人瞭解到一個不一樣的通榆，記錄了通榆文化輝煌的一頁。

文化名城的宣言——墨寶

　　觀書賞石，與先賢對話，遊園覽勝，共墨寶齊飛。有「大地印章」美譽的通榆墨寶園是古今中外書法集萃的文化園林。行草隸篆，筆走龍蛇，碑文一體，渾然天成。置身園中，問道洗心，時時處處都能讓人感受到自遠古的唐宋之風，穿越時空之隙，相約瀚海，做客鶴鄉。揮毫弄筆，翰墨飄香。崇尚中華傳統書法文化的鶴鄉書者，激情於筆墨紙硯之間，問鼎在碑林石刻之上，以墨寶園文化商圈為依託，將詩書碑畫巧妙地糅合，唱響了鶴鄉通榆構建「書法文化名城」的宣言。

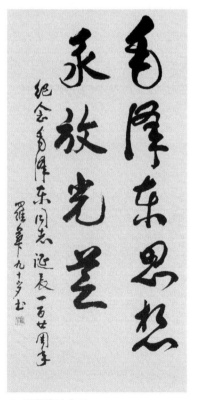

▲ 羅華書法作品

書法創作

　　建國前，境內書法愛好者多為中小學教師。一九六二年，通榆縣文化館首次舉辦美術書法展覽，張春元、李彥才、黃金可、張國福、郭文鬥等業餘書法愛好者的書法藝術作品參加展出，時任通榆縣委宣傳部部長的王啟良、副部長羅華為這次美術書法展覽題詞。此後，白城地區舉辦美術書法展，全縣選送書法藝術作品十餘幅。

　　一九八四年，通榆縣政協與縣文化館聯合舉辦慶祝建國三十五週年書法繪畫展覽，羅華、徐慶春、張煥庭、賈道明、張春元、李彥才、黃金可、谷學忠、安學貴、劉長恩、白光耀等人的作品參展，時任通榆縣委副書記張雲亭為本次展覽題詞。同

▲ 縣直機關書畫展

年，通榆縣委宣傳部幹部李春萍的硬筆書法在全國性展覽中入選，並獲得獎項。

　　一九八五年，通榆團縣委與通榆縣文化館聯合在實驗小學舉辦書法作品展覽，有小學生毛筆書法、硬筆書法作品共一百餘件參展。同年，賈道明、白光耀書法作品二幅，被白城地區《書法作品選》選用。

　　一九八〇年至一九八五年，鴻興鎮文化站在第三中學組織書畫展覽三次，每次都有中學生書法作品四十餘件參展。邊昭鎮文化館舉辦美術書法作品展覽一次，其中有中學生書法作品四十件。開通鎮內有二所中學也曾舉辦過書法繪畫展，參展作品選刊上百幅。

德形空壺福福尺寸資曰孝忠臨鳳似如川淵容言篤慎
建端台堂国緣壁陰父嚴當則深興蘭松流澄止辟礽終
名表傳習惡善非是事與竭履溫斯之不取若安誠宜
立正骸聽積慮寶競君敬力命薄清馨盛息暎思定美令

節選千字文　壬辰秋日文甫

▲ 王文甫書法作品

▲ 蓋紹富書法作品

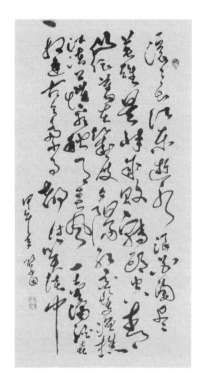

▲ 鞏固書法作品

全縣的書法愛好者們在全國、省、市書法大展中，有多人獲獎併入書。如白城市「臨帖展」「95銀鷹獎盃」，全國「塑我杯」「聯誼杯」「海峽兩岸王子杯」「五台山杯」「國際正大杯」「世界華人藝術家書畫精品大賽」「奧斯卡杯」，中國書法交流大展、九十五跨世紀當代詩書畫印作品大聯展等國際國內大展均有多人獲獎入展，並在中國美術館展出。白光耀、崔學志、孫寶貴、梁寶國、王文甫等是其中的佼佼者。一九九七年，王文甫在通榆縣政府圍牆舉辦個人書畫展，展出作品八十多幅。

二〇〇三年，第一屆書法家協會成立，主席蓋雲亭，副主席劉玉清、金少華、崔學志、張萬田、林紅，秘書長白光耀。協會先後舉辦了「地稅杯」書法展、「水利建設書法展」「綠色生態書法展」「機關黨工委書法展」「武裝部慶『七一』書法展」「世界讀書日書法展」、邊昭鎮「迎春書法筆會」、鴻興鎮鴻興村「新春楹聯書法展」等專題書法展賽十幾次。書法培訓也日益興起，現在全縣有書法培訓班近十家。

協會還大力組織推介書協會員參加各級各類書法展賽，如：白城市名人名作書法展、新春書法展、吉鶴苑書法展、通榆農民書法展。並同江蘇省射陽縣舉辦了「同為鶴

詩詞書畫不可輕充分表達作者情民族
文化為國寶承前啓後有真功國粹精華
需發展子孫後代要傳承與時俱進齊努
力開拓創新再攀登

丙戌春吳勤書

▲ 吳勤書法作品

知之為知之不知
為不知是知也

孔子名句

癸巳仲春

王儷橋

▲ 少兒組書法類一等獎作者通榆
縣校外活動中心王儷橋

映日花儿別樣紅

高一博 畫

▲ 少兒組繪畫類一等獎作者通榆
明德小學高一博

家鄉、同享鶴文化」五地聯展，通榆縣有十一件書法作品入展。

二〇〇八年六月，第二屆書法家協會成立。主席白光耀，副主席王文甫、劉玉清、王國華、蓋紹富、崔學志，秘書長王文甫（兼）。第二屆書協成立後，組織了多次書法作品展。如：「工行杯書法展」「杏花節書法展」「政法杯書法展」「首屆臨帖展」「國慶六十週年書法展」「通榆書法家邀請展」「通榆長嶺書法交流展」「新春楹聯書法展」「墨舞鶴鄉」書法精品展等。並在《詩詞書畫報》開闢書畫專欄，開展書法作品研討。同時，通榆縣老年詩詞書畫研究會的老年書法愛好者們多年來在會長吳勤的帶領下，始終以「夕陽照丹青，筆墨傳後人」的情懷，堅持開展書法活動，許多優秀的書法作品紛紛在國家、省、市級大賽中

獲獎。

　　二〇一二年三月，中國現代文化出版社、《中國書畫導報》編輯部出版《鞏固書法作品集》，書中輯錄鞏固草、行、楷書法作品四十九幅。同年，通榆縣書法家協會配合通榆縣委縣政府、通榆縣文廣新局、墨寶園成功舉辦了「全縣首屆青少年書畫精品展」受到社會各界的廣泛好評。

　　除了書法家協會舉辦和參與的活動外，二〇一二年，墨寶園憑藉深厚的文化底蘊和獨特的文化魅力，成功獲得共青團中央第五、第六、第七屆全國青少年書法美術大賽承辦權。這是該項賽事自舉辦以來首次走出首都北京，來到了仙鶴迷戀的土地——通榆。二〇一三年七月二十三日，第五屆中國青少年書法美術大賽獲獎作品展開幕式暨少兒組頒獎儀式在通榆縣墨寶園舉行。本次大賽由共青團中央主辦，中國書法家協會、中國美術家協會為藝術指導單位，著名書法大家、中國書法家協會顧問李鐸，全國政協常委、中國美術家協會名譽主席靳尚誼，中國國際青年交流中心主任鄧亞軍擔任組委會主任。在中共通榆縣委、通榆縣政府協辦下，通榆墨寶園、北京同道文化藝術中心共同承辦了這次活動。

▲ 《五帝賜福》（劉習虎　攝）

　　二〇一三年九月，廣東舒言書畫院院長趙健，在白城市通榆縣墨寶園舉辦了其書法藝術全國巡展的首展。這次展覽的主題為「筆墨史中千福銘」，本次書法藝術展共展出一千個「福」字，寓意「祝福通榆，祝福中國」。本次展覽從九月五日一直持續到九月十一日，其間免費為公眾開放。

▲ 《唐詩三百首》《宋詞三百闋》

墨寶園文化產品

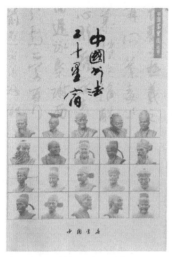

▲ 《中國書法二十星宿》

作為書畫文化產業龍頭和承接文化產業項目有效載體的墨寶園，把國家非物質文化遺產和文房四寶大師的經典之作攬入囊中，並舉辦了墨寶園系列文化活動，成立了翰墨文化產業有限公司，組建了文化產業促進會和中國向海書法名城聯誼會，二〇一二年成立了通榆墨寶園文化產業發展有限公司，聘請一流的專家團隊加快墨寶園文化商圈的規劃，以打造墨寶園文化商圈為樞紐，拓展建設文化產業園區，確立了書法出版、文化旅遊等九大文化產業發展方向，包裝開發了一批具有發展潛力的文化產品。

墨寶園「五帝賜福」拓片　園內的「五帝賜福碑」享有「中華第一福」的美譽，是清朝康熙、雍正、乾隆、嘉慶、道光五位皇帝在盛年國運昌隆時的御筆書法，整體氣勢磅礴、遒勁有力，民間稱之為「五福之奉」。依次出自《康熙御筆之寶》《雍正定翰》《乾隆定翰》《嘉慶定翰》和《道光御筆之寶》。為傳承書法精髓，發揚五帝賜福所呈現的獨特文化，經由故宮博物院研究員、鑑博藝苑書藏品鑑定委員會委員、中國世號鑑定委員會鑑定專家單國強先生鑑定，墨寶園「五帝賜福碑」才得以安家落戶並以拓片昭世。「五帝賜福」拓片只限量從原碑拓得，寓意著長壽、富貴、康寧、好德、善終，合起來寓意五福臨門，多福多壽多安康。

▲ 墨寶園系列叢書

系列叢書——中國墨寶園《唐詩三百首》《宋詞三百闋》　唐詩、宋詞是兩朵並蒂綻放於世界文學巔峰之上的藝術奇葩，也是我國傳統文化中的珍貴遺產，偉人英

雄歌以詠志，遷客騷人誦以幽情，志者學人習以修身。墨寶園將名家的書法作品按《唐詩三百首》《宋詞三百闋》的形式編輯成冊，使書法愛好者在欣賞名家名作的同時，品味詩詞文化巔峰的韻味。本系列叢書共收錄墨寶園所收藏的六百餘幅作品，是薈萃了歐陽中石、段成桂、王岳川、張海、沈鵬等當世名家，專程為我園集體創作的唐詩宋詞書法集錦，每一幅都堪稱精品。

系列叢書——《中國向海鶴文化詩詞國際書法邀請展》　由韓國書法藝術院負責組織世界二十三個國家和地區的一百位實力派頂級書法家分別書寫當代著名詩人留下的詠鶴詩詞一百首，共同舉辦「第二屆國際書法中國通榆墨寶園年展」「中國向海鶴文化詩詞國際書法邀請展」，並編輯成冊。

系列叢書——《中國墨寶園國際書法家作品集》　中國傳統書法流傳數千年之久，風格流派眾多。時至今日，已經是東方文化，甚而是世界文化的一個獨特的藝術符號。墨寶園誠邀國內各地書協主席、書法學者，以及世界各國書法名家，及「諸子百家」創作於其中，盛況空前。這些作品在繼承中國書法傳統的基礎上，融入各自的文化特點，別有洞天，給人帶來異樣風情和美的享受。

系列叢書——《中國墨寶園北京大學文化書法作品集》　北京大學作為中國教育的最高學府，在一個世紀的風雲中堅持著思想啟蒙解放、學術前沿探索和文化藝術精神重塑的重要價值擔當工作，具有「兼容並蓄」「思想自由」「學

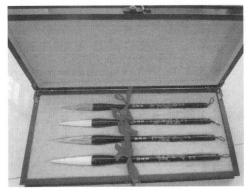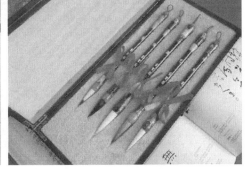

▲ 墨寶園系列毛筆　（劉習虎　攝）

術獨立」的傳統和「以天下為己任」的愛國敬業精神。書中收錄的「經史子集」經典篇章是中國文化的精髓，欣賞書法，也是學習傳統文化，怡情悅性，強勉學問，增長知識，領略中華文化無窮的魅力。

系列叢書——《中國書法二十星宿》　中國書法源遠流長，正草隸篆四體型成後，更湧現出大批書法名家，自魏晉六朝以來，代代有創新立派大家。通過邀請北大書法所和單國強等大家共同來確定這二十人的名單，有千古書聖——王羲之、煙霞酒道——張旭、氣凜千秋——顏真卿、自出新意——蘇軾、雍容博雅——趙孟頫、得意忘形——王獻之、書中陶潛——智永、結構大師——歐陽詢、書論雙絕——孫過庭、以狂繼顛——懷素、學者書家——柳公權、反道而行——黃庭堅、乖張天縱——米芾、河朔髯公——鮮于樞、西域純儒——康里子山、江南才子——祝允明、三絕壽翁——文徵明、陰柔之美——董其昌、扛鼎神筆——王鐸、布衣本色——鄧石如，書名由中國首席雕塑大師錢少武題寫；單國強先生作序，墨寶園經營總經理陸連國主編。書內的星宿雕像圖片已作為全國中小學義務教育階段書法教材封底插圖。

墨寶園文房五寶——筆　墨寶園毛筆均與享有「國之寶」榮譽稱號的佘正軍大師合作，涵蓋了硬毫、軟毫、兼毫等多種尺寸。

墨寶園文房五寶——墨　墨寶園所售墨類產品均屬徽墨中的上乘製品，出自於具有三百年歷史的徽記胡開文墨廠，有油煙墨和松煙墨。

▲ 十四孝和手卷墨

▲ 墨寶園宣紙

▲ 墨寶園——端硯

墨寶園文房五寶——紙　墨寶園宣紙是與宣紙大師周乃空先生合作，經過浸泡、灰掩、蒸煮、漂白、製漿、水撈、加膠、貼洪等十八道工序，歷時良久製成，具有良好的潤墨性、耐久性和抗蟲性。

墨寶園文房五寶——硯　端硯，墨寶園與程氏第十四代製硯傳人，中國文房四寶製硯藝術大師、中國文房四寶協會常務理事、中國端硯鑑定專家、端硯國家非遺傳承人、工藝美術大師程良合作，是融文學、歷史、書畫、雕

▲ 書法水寫布

刻、金石於一體的綜合性藝術品。松花硯，採用中國長白山江源特有的無毒、無味、無輻射，並含微量有機元素的松花石製作。澄泥硯，中國硯台行業唯一的「馳名商標」，兩度入選「中華民族藝術珍品」、三度蟬聯中國文房四定行業最高榮譽「國之寶」稱號，並邀請高級工藝美術師藺濤先生親自製作。歙硯，由黃山國畫院院長、中華傳統工藝特技大師、高級傳統工藝美術大師、被稱為「硯雕第一刀」的方見塵大師親自製作。洮硯，產於我國甘肅省境內洮河，有一千多年的歷史。

墨寶園——雕刻　根據地域特色就地取材，包裝開發根雕、蛋雕、葫蘆雕、魚骨雕系列產品。

墨寶園文房五寶──水寫布　被稱為「文房第五寶」，蘸清水書寫布上即顯墨色，可供萬次書寫，節省紙墨，乾淨、衛生、環保。

▲ 劉福山根雕作品

▲ 薛炳飛根雕作品

▲ 劉福山根雕作品

▲ 姜勝利根雕作品

墨寶園——茶具　採用景德鎮製瓷工藝，印有著名書法家、書畫鑑定家、全國政協常委、中國文聯副主席段成桂所書寫的「唐風宋韻」，將茶文化與書法藝術進行了完美結合。

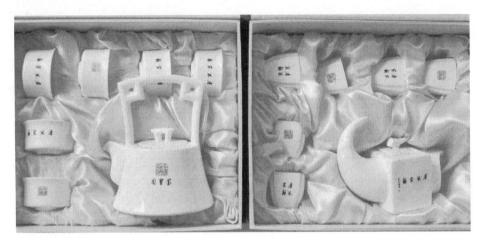

▲ 墨寶園茶具

墨寶園——剪紙　中國最古老的民間藝術之一。李銳士的剪紙作品主要以歷史人物、民族菁英和古代仕女為題材。為每個人物配寫詩文、傳記時，把篆字與人物圖畫結合。把「詩意」和「雕影」交融在一起，形成了自己的藝術風格剪紙作品，取名叫「詩意雕影」。

墨寶園開啟了通榆文化的新紀元，她是通榆文化向世界敞開的一扇窗，通

▲ 李銳士、安秀俠的剪紙作品《向海天工》

▲ 李銳士剪紙作品《四大名旦》在2013年被中國網教中心作為教材使用

過這個平台，代表通榆地域特色的年畫、剪紙、雕刻、攝影、文學、書法、曲藝等文化產品將更加富有時代特色和文化競爭力，將進一步加快通榆書法文化名城建設步伐，在通榆文化發展史上寫下濃墨重彩的一筆。

墨寶園——鐵人工藝　結合中西方傳統文化，用鐵藝、鋼材等製作而成。有歐式仿古鐵甲、不鏽鋼戰甲、東方仿古戰甲、仿古兵器擺件、現代金屬工藝作品等，製作工藝精湛極具裝飾性、藝術性、凝重性和歷史感。

▲ 楊光權鐵人工藝作品

鶴鄉通榆的名片 —— 影視

以「吉林八景」之一的向海實名拍攝的電影，以通榆實景製作的電視劇，以濕地景觀為題材的專題片，讓全國乃至全世界的觀眾認識了通榆，看到了一片充滿生機的大自然，也領略到了關東科爾沁大草原的魅力，生動地詮釋了生活在這片美麗神奇土地上人們的精神風貌。影視劇在央視的熱播，是鶴鄉通榆向世界遞交的一張名片，同時，小城通榆也向世界敞開了多情的懷抱，虔誠地期待五洲四海賓客的到來，共享草原濕地的萬種風情。

通榆影視製作始於二十世紀九〇年代，域內沒有本土作者的影視作品見於銀幕之上，電視也沒有故事性作品投入拍攝。最早的一部電視專題片《新華魂》是長春電影製片廠一九九〇年拍攝完成的。電視風光片《家在向海》，曾在中央電視台播放多次，並在第五屆桑迪歐國際生物保護電影節上榮獲代表國家資格獎。一九九二年時任總理李鵬曾把《家在向海》帶到了世界環發首腦會議上播放，把向海介紹給了世界，而《家在向海》也是唯一一部被播映的中國影片。

近年來，由於向海旅遊區的開發建設和吉林影視現象的影響，以向海為原景地拍攝的電視劇《永遠的田野》《我的土地我的家》和電影《向海的故事》相繼走進央視的舞台。

《永遠的田野》二十六集，二〇〇七年在向海湖畔拍攝完成，由吉林省委宣傳部、吉林電視台、吉林省電視劇製作集團公司、湖北省廣播電視台電視綜合頻道、吉林省大地影視傳播有限公司聯合製作。是曾在全國轟動一時的「田野」系列三部曲的終結篇，也是吉林戲劇的又一部登高之作。編劇馮延飛、導演闞小龍，主

▲ 電視風光片《家在向海》

▲ 電視劇《永遠的田野》央視首播新聞發布會

演程煜。《永遠的田野》講述了生活在中國最底層的普通農民對自己的土地的熱愛和捍衛，突出人和自然的關係，向海的美正是這種關係和諧相處的寫照。二〇一〇年底，在央視一套熱播，讓全國乃至全世界的觀眾看到了一片充滿生機的大自然，也領略到了關東科爾沁大草原神奇的魅力，生動地詮釋了生活在這片美麗土地上人們的精神風貌，並於二〇一二年九月十二日榮獲第十二屆精神文明建設「五個一工程」獎，再次為吉林爭光，也為通榆增添了無限光彩。

《我的土地我的家》二十四集，由吉林影視劇製作集團製作，由譚文峰、尹春江編劇，由力、張洪傑、關小平、張錚主演，是一部以一九七八年土地下

▲ 電視劇《我的土地我的家》劇照

放到戶為背景，描述三十年來農村改革開放的歷程，以農民張老存一家人的恩怨糾葛為主線，講述了我國農村廣大農民在改革開放歷史背影下，由貧窮走向富裕，由保守走向開放的故事。這部劇全部採用向海實景拍攝，帶有明顯的時代厚重感，可以稱得上是一部農村大劇。二〇一二年冬在央視熱播，並一舉獲得了第二十九屆中國電視劇飛天獎長篇電視劇獎一等獎。

電影《向海的故事》又名《乖兒媳倔公公與兩頭奶牛——向海的故事》，由王姝、劉柏橘執導，張國慶、傅中文編劇，謝紫彬領銜主演，講的是鬧牛嶺村養牛協會奶站站長兼奶站檢疫員秀岩，為提升村子裡奶品質量而發生的系列故事。該片由長春電影製片廠、中共白城市委、白城市人民政府、中共通榆縣委、通榆縣人民政府聯合攝製，這是長春電影製片廠與白城市首次合作的影片。該片在通榆實景拍攝，是第一部以向海為實名的電影，宣傳了通榆的自然景觀，同時也提升了通榆縣綠色農產品的知名度和市場競爭力。

除此之外，二〇一三年五月，中央電視台正式啟動「美麗中國·濕地行」大型公益活動，由央視國際頻道《走遍中國》欄目組拍攝的專題片《向海——活力重生》，於二〇一三年九月十七日在《美麗中國行》欄目中播出，向海濕地由此獲得「美麗中國·魅力濕地特別關注獎」。

▲ 「美麗中國·魅力濕地特別關注獎」

▍曲藝閬苑裡的奇葩——地方戲

　　一場場火辣的二人轉，一段段多情的大秧歌，是一代代鶴鄉兒女精神的寄託，充滿著濃郁的關東情。竹板響，嗩吶歡，小手絹，花摺扇，在「九腔十八調」韻味之中，成就了歌、舞、形、趣兼備的藝苑奇葩。「寧捨一頓飯，不捨二人轉」，通榆地方戲撐起了鶴鄉文化藝術的一片藍天。異彩繽紛，百花爭豔，底蘊厚重的濕地文明，孕育了一曲曲動人的旋律，一段段冠絕古今的舞蹈，成為鑲嵌在鶴鄉大地的絢麗畫卷。

　　解放前，通榆地方上有見景唱景見啥說啥的「拉洋片」「蓮花落」說唱藝人。「拉洋片」和「蓮花落」是通榆縣境內最早的演出形式。在農村的農閒時節，一些皮影、太平鼓文藝愛好者組成團（隊），到大戶人家或火車站等地演出二人轉，戲班子多演唱的是《紅樓夢子弟書》中的段子及民間流傳的傳統劇目。

　　建國後，各區的業餘劇團，年節的秧歌隊都自編自演一些小戲劇、二人轉、曲藝、歌舞等。當時開通鎮內比較活躍的演出人員是赫廣山、榮立坤的民營劇團。一九五五年天津市田豐越劇團（天津北方越劇團）在團長王敏的帶領下，一行三十餘人來瞻榆縣演出，演出的劇目有《梁山伯與祝英台》《白蛇傳》《杜十娘》《雷雨》《日出》等古裝劇和現代話劇，在全白城地區引起很大的轟動。該劇團被瞻榆縣政府挽留，成為民間職業劇團。一九五七年以該劇團為主體成立了瞻榆縣評劇團（為集體單位）。同年，開通縣政府在赫廣山私人戲班的基礎上成立了開通縣評劇團（為集體單位）。

　　一九五七年開通縣評劇團參加吉林省第二屆戲曲觀摩演出大會，演出傳統戲《十萬金》獲紀念獎。

　　一九五八年，開、瞻兩縣合併，兩縣劇團合二為

▲ 孫寶華

▲ 著名演員吳雙（前排右三）（曹紅光　提供）

一，成為通榆縣評劇團，演職人員共八十餘人。評劇團行當齊全、陣容強大。主要演員有唱做俱佳、以唱功見長，青衣、花旦、閨門旦兼飾的吳雙；掌握各派唱腔、本功青衣，能反串小生的孫寶華；嗓音寬宏，行腔飽滿，以黑頭、老生見長的王柏岩；文武兼備的「硬底包」樊樹才；刀馬旦郭晶、彩旦宋麗娟、三花臉李海天等。這之後，縣劇團較著名的專攻小生的演員楊春和，主演過古裝戲《紅樓夢》、現代戲《焦裕祿》等。在樂隊中，首席板胡演奏員梁寶明，曾為《合家歡》《瀚海綠浪》《民警家裡的賊》等戲劇配曲。一九八五年五月梁寶明參加吉林省評劇座談會並受到表彰，其專業造詣在白城地區及在吉林省內戲曲界有較大影響。樊秀榮，專攻老旦，多次到省參演《張海迪》《狀元與乞丐》等劇目，得到了省內行業人員的認可。劉青山，六〇年代開始擔任劇團嗩吶演奏員，藝術造詣頗深，弟子眾多，影響較大。為培養後續演員縣劇團還成立了「通榆縣評劇戲校」，後來從俗改稱評劇小科班。校址在評劇團院內，學員四十二人，年齡在十四歲至十六歲之間。小科班開文化課和藝術課，文化課有專職教員二人，藝術課由本團演員任教。一九六一年小科班解體，部分學員納入評劇團。這些「小科班」學員後來較有影響的有沙憲豪、李清石、方淑

傑、趙玉坤等。

一九六〇年評劇團改名為「通榆評劇院」，一九六六年以後開始改稱「工農兵劇團」。一九七〇年三月，縣評劇團、曲藝團、地方戲隊合併，組建了通榆縣文工團（為國營單位），隸屬通榆縣革命委員會政治部。

通榆縣地方戲隊成立於一九五八年，多為民間走村竄隊唱二人轉的藝人。剛成立時只有十六人，一九六四年末演職人員發展到二十三人。一九六六年以後，地方戲隊改稱「東風文藝宣傳隊」，一九七〇年與劇團合併，一九七八年重新恢復，一九八一年改稱民間藝術團。

通榆縣曲藝團。一九三八年財主王恩科在開通鎮「落子園」南開闢了長、寬各一百米的廣場（今老市場的前身），群眾稱這個廣場為「遊樂園」。遊樂園的南側建有四個簡易說書亭（用秫秸紮抹泥），每個亭子可容納四十到五十人，備有茶桌，茶客邊喝茶邊聽書，經常客滿。評書藝人周文臣演出評書《雍正劍俠圖》《三劍俠》，曾連演八個多月。後來老市場逐漸形成現在的格局，這四個說書亭發展成為老市場內的四個曲藝茶社。一九五八年，由四家曲藝茶社組成通榆縣曲藝隊（為集體單位），一九六一年改稱通榆縣曲藝團。一九七〇年撤銷曲藝團，部分人員併入縣文工團，部分成員下放勞動。一九七八年十二月，縣文工團撤銷後，原併入縣文工團的書曲藝人憑藝人證自謀演出。原被下放的書曲藝人，落實政策回城，安排到其他單位工作。

改革開放以後，通榆縣評劇團恢復建制，老演員陸續歸隊，同時招收一批新學員。這批學員中，後來較有影響的有王坤、劉玉威、蘇小妹、劉廣有等。這之後，為選拔後續人才，劇團經常招考演員，湧現出了一大批有影響的人才。

一九九二年，在吉林省第十一屆二人轉匯演中，演員胡長榮、王中興、在拉場戲《二秘書幫廚》中獲表演二等獎；趙玉坤獲表演、作曲、導演三等獎；牛志德獲優秀配器獎。

一九九四年，在吉林省第十二屆二人轉匯演中，演員劉文紅在拉場戲《常

來客》中獲表演二等獎；張默光在拉場戲《桂英請戰》中獲表演三等獎；胡長榮在拉場戲《孫二爺應聘》中獲二等獎；在拉場戲《貴婦人推磨》中，演員朱偉、商麗娟均獲綜合表演一等獎；王雅芹獲導演一等獎；牛志德獲作曲一等獎。同年六月，在東三省「東帆杯」戲曲小品大賽中，朱偉獲明星獎；商麗娟獲優秀表演獎。十二月，在全國第二屆二人轉觀摩演出中，朱偉獲表演二等獎，商麗娟獲表演三等獎。

一九九六年五月，在吉林省第十三屆二人轉匯演大賽中，演員朱偉、商麗娟在拉場戲《傻柱子接媳婦》中獲綜合表演一等獎；王大海獲導演一等獎；牛志德獲作曲一等獎。

一九九八年，在吉林省第十四屆二人轉匯演大賽中，演員王大海、胡長榮在二人轉《向海魂》中，均獲表演二等獎；王大海獲導演二等獎；牛志德獲作曲三等獎。在拉場戲《傻哥傻》中，演員朱偉獲表演一等獎，商麗娟、劉文紅均獲表演二等獎，王中興獲表演三等獎。

二○○○年，在吉林省第十五屆二人轉匯演大賽中，朱偉在二人轉《僧尼會》中，獲表演一等獎。在東三省「海城杯」戲曲小品大賽中，朱偉獲優秀表演獎。二人轉表演唱《九大嫂》被錄用，先後在遼寧省電視台、中央電視台戲曲頻道播放。

二○○八年，二人轉《狐狸圍脖》在吉林省戲曲小品彙演中獲得一等獎。

二○一○年，一部以四川省南江縣紀檢書記王瑛為原型，以黨的幹部立黨為公，嚴明執紀為主線的大型話劇《傲雪紅梅》等上演，取得了良好的社會效果。

二○一一年，表演唱《九大嫂說安全》代表白城地區參加在吉林省交警總隊舉辦的優秀交通安全節目評獎晚會。

▲ 著名演員劉百威在練功

二〇一二年，通榆縣評劇團在文化體制改革中被推入了市場，成立了翰墨文化產業有限公司。在商業化的市場競爭中翰墨文化產業有限公司很快站穩了腳跟，一年多的時間裡收穫頗豐創作演出的舞蹈《寸子舞》，代表白城市參加全國第十屆藝術節「群英獎」舞蹈比賽，得到了好評；二〇一三年，公司代表通榆縣參加吉林省二人轉、戲劇小品藝術節演出，共選派五個劇目，參賽作品《死去活來》《紅臉白臉》獲得了綜合一等獎；《蔡鍔與小鳳仙》《小房大愛》《新任樓長》獲得了綜合二等獎，這是通榆縣有史以來在歷屆省藝術節上獲得的最高榮譽。

隨著人們生活水平的日益提高，人民群眾的文化視野越來越開闊，雖然不再有「劇團一來、萬人空巷」的盛景，但是通榆百姓對地方戲的需求依然情有獨鍾，在欣賞傳統劇目的同時，依然期盼與時俱進的新戲出現。演藝公司依然是活躍在基層的一道最亮麗的風景線。

▲ 《死去活來》（張軍　王大海　提供）

▲ 《向海魂》

▲ 《狐狸圍脖》

▲ 《貴夫人推磨》

第六章

文化風俗

通榆千百年來的民族史，早已為其地域文化暈染了多元的明麗色澤。在歲
月更迭、歷史變遷中，蒙古、漢、回、滿等多民族文化交融共生、傳承發展。
時至今日，這些獨具民族特色的傳統節日、風俗禮儀、服飾飲食等民俗文化仍
然是通榆地域文化亮麗畫卷中濃墨重彩的一筆。

少數民族特有節日

　　少數民族節日文化作為中華民族文化的重要組成部分，承載著其民族的文化血脈和思想精華，彰顯著民族的自信心與凝聚力。而今，這些具有鮮明特色的少數民族節日文化，早已融入鶴鄉人民豐富的物質生活與多彩的精神世界中。

　　查干薩日（春節）　因蒙古族人習慣稱正月為「查干薩月」（漢語意為白色聖潔之月），故舊習中亦稱春節為「查干薩日」。舊時，居住在通榆境內的蒙古族人於大年三十這天，各家的佛案上都要擺放供品，以肉食和果品為主。庭院樹立旗杆，上懸彩旗，旗下拴有風車，使之迎風作響。晨起，全家梳洗乾淨，換上節日新裝，等候藏傳佛教僧人來家誦讀經文，舉行迎年儀式。之後，全家齊聚一堂，進行新年祝福（即拜年）。從最小的開始依次向長輩（以輩分為序，先男後女）叩三個頭，禮畢，父母為子女祝賀，然後全家人吃團圓飯。飯後，隨意參加各種遊戲、娛樂活動。晚上掌燈，經宿不息。

▲ 蒙古族人過春節

臨近午夜，在自家門前東南方點燃篝火，取大塊肉及其他美食投入火中以敬神明，並祝福新的一年人畜安全，五穀豐登。接著，由一家之主在祭案上點燃香火，叩拜天地，迎接神靈。然後，家庭成員由長及幼依次叩拜。最後，回到帳內團坐吃年夜飯。主食也是餃子，還要有烤羊肉等。飯後稍憩，由家長代表全家出去拜年，先親後友，先長後幼。春節期間，青年男女多三五成群，騎馬出遊，攜帶哈達、酒果和鼻煙壺，到附近村屯去給長輩親友拜年，受拜者要給予祝願。解放以後，通榆境內的蒙古族查干薩日節仍保留了自己的部分特色，但由於時間上和漢族的春節具有一致性，兩節已基本融為一體了。

五月節　農曆五月初五，亦即漢族的端午節。傳說成吉思汗去世前，曾打獵受傷，是在五月初五日，故稱是日為獵日。此節在解放以後雖在通榆境內蒙古族集聚地仍有傳承，但隨著環境的變化和人們生態保護意識的提高，已逐漸演化為文化意義上的節日了。

跳鬼節　農曆九月初九。舊時，通榆縣境內蒙古族人於是日請藏傳佛教僧人唸經、跳鬼。

小年　農曆臘月二十三日，即漢族的祭灶日。舊時，通榆縣境內的蒙古族家庭均於臘月二十三日晚於庭院中舉行祭火儀式，送火神上天。家長主祭，擺放黃油、牛羊肉、白酒祭品。焚香後，點燃一捆柴草，將黃油等祭品投入火中，家長帶全家人向火堆磕頭，感謝火神在一年中帶來的吉祥，祈求火神保佑全家來年幸福，人畜兩旺，五穀豐登。祭火儀式後，全家共進小年晚餐，飲酒吃肉，載歌載舞，大多都要通宵達旦。解放後此習漸弛，後僅保留晚上飲宴之習。

走百病與照賊節　「走百病」和「照賊」是滿族人的節日，時間在正月十六日。是日，滿族婦女日暮結伴至空地或去鄰家小坐而回，名曰「走百病」。「走百病」本是滿族婦女特有的歲時節俗，但至近代，乃至今日，通榆民間仍保留著此種風俗，並將此俗移至十五日，與元宵節同慶。

滿族人正月十六日還有「照賊」之節俗。正月十六日夜，滿族家家燃起燈

火，主人提著燈籠照遍屋內各陰暗角落及庭院僻靜之處，名曰「照賊」。此後亦傳入漢族，而且也都移至元宵節入夜時進行。

豐收祭祖節　滿族人開始了農耕生活後，渴望每一年都能風調雨順，五穀豐登。糧食豐收了，他們當然非常高興，便要舉行一定的慶豐收祭祀儀式。時間久了，便形成了一個節日。此節一般無具體日期，約在農曆七月十五至八月初之間，即糜子收割之後。此時，滿族人家都要用糜子或黏高粱磨成麵，內包小豆餡，外包蘇子葉，蒸蘇子葉黏餑餑。餑餑蒸熟後先供奉祖先，燒「達子香」，全家給祖先磕頭，感謝祖先保佑豐收，然後全家共食黏餑餑。滿族人豐收祭祖節，蒸黏餑餑的習俗，由於長期的文化融合，在今天的通榆已先後演變成了境內多民族共同的節日活動和生活習慣。春節前磨米發麵蒸豆包，日常生活中蒸豆包或到市場上買幾個豆包嘗嘗鮮已經成為通榆人日常的習俗。從歷史的角度審視，這不能不說是對滿族豐收祭祖節的某種傳承。

頒金節　是滿族「族慶」之日。明崇禎八年（1635年）農曆十月十三，後金漢王努爾哈赤的兒子皇太極廢除女真（又譯為諸申）的舊稱，將族名定名為滿洲。這標誌著一個新的民族共同體型成。從此，滿族人為紀念這一天，把這天作為本民族的重大節日進行隆重慶祝。

一九八九年十月，在丹東「首屆滿族文化學術研討會」上，正式把每年農

▲ 滿族頒金節舞蹈

曆十月十三日定為滿族的節日,名稱統一規範為「頒金節」。「頒金節」,滿語稱作「頒金扎蘭」。「頒金」,漢譯為「生」「生成」「生氣勃勃」之意;「扎蘭」,漢譯「節日」「喜慶之日」。如今,頒金節已在滿族中約定俗成,相沿成習。其文化意義上的宣傳和有組織性紀念活動的開展,也使頒金節在通榆境內的滿族民眾中,出現了「生氣勃勃」之象。

　　五穀節　農曆正月十五,朝鮮族人稱之為「五穀節」,也叫「烏祭之日」。節日活動有做「賣暑」(一種祈福儀式),是日飲酒名為「咬癤子」,族人以為可以免生疥瘡。主食要吃五穀飯(江米、大米、黃米、高粱米、小豆合煮)。酒飯後亦有歌舞伴之。

　　寒食節　農曆三月十六日為寒食節,是日祭祖、掃墓,活動內容大體同漢族的清明節相仿,但不燒紙,只焚香禮拜,填土圓墳。現散居城內的族人大多已不度此節,漸同於漢習,於清明節舉行祭掃活動。

　　開齋節　伊斯蘭教曆十月一日稱大開齋節,又稱為「爾德節」。

　　古爾邦節　伊斯蘭教曆十二月十日為古爾邦節,阿拉伯語音譯為「爾德·阿祖哈」,意為「犧牲」「獻牲」,故又稱「宰牲節」。

　　聖紀節　伊斯蘭教曆三月十二日為聖紀節,是阿拉伯語「冒路德」的意譯,指穆罕默德誕辰和逝世的日子,故亦稱「聖忌」。

▲ 朝鮮族人民歡度民族節日

節令習俗

　　節令起源於中國古代的農業社會，平均分布在一年的四季之中。作為劃分時間的坐標，節令習俗已成為人們生活中不可或缺的一部分。不同的節令有著不同的習俗，在通榆主要的節令習俗有：

　　立春日習俗　二十四節令之首立春，民間也稱之為「打春」。自古以來，通榆地方就把立春視為重要的農業節日。舊時，打春的節日活動一是以「打春牛」為主的官方迎春禮；二是民間自發的迎春活動，包括飲食、服飾、交往活動。這些迎春活動主要有如下內容：

　　寫春貼　舊時，春聯為立春時節民居象徵性飾物，人們用紅紙書寫「宜春」二字，也有的寫「春玉正月」「萬事亨通」「大吉大利」等字貼於房門，此俗後和過春節貼春聯合併。「春貼」在二十世紀四五十年代被「春聯」取代，「寫春帖」活動廢止。

　　咬春　舊時，民眾於立春日，有生食蘿蔔之習，名為「咬春」，也稱「啃春」。人們認為，是日咬食蘿蔔不僅可以去春困，婦女還可以增強生育功能，故立春日所食之蘿蔔又被稱之為「子孫蘿蔔」。此習傳至二十世紀四五十年代漸弛，現通榆縣境內已不多見。

　　春餅　立春日，食春餅（有單餅、荷葉餅之分，麵粉烙製，薄如煎餅，卷菜絲或蔥、醬食用）。此習傳至今日，通榆縣境內大多數人家仍沿襲之。只是在春餅中又增加了燻肉等食材，味道更佳、營養更豐富。

　　占春　舊時，民間以立春日所屬干支搭配占驗本年雨旱豐收。占春又有以立春日天氣占驗當年收成的習俗。是日，民俗忌諱挑水和掏灰，認為會導致一年不精神和掏掉好運氣。占春習俗現已少見，原因可能是自來水解放了扁擔和水桶，天然氣基本代替了燒柴。

打春牛　此項活動舊時為縣衙官員官辦的迎春禮儀，源自中原漢俗。立春日，由地方官員組織有關人員、士紳、長者，紮紙黃牛，抬至城西郊（二龍廟以東地帶），由官府指定的帶隊長者執長二尺四吋的春鞭（2尺4吋代表24個節氣）打「春牛」。並口念「十打春牛」吉祥詞：「一鞭打下陽氣回轉；二鞭打下土地肥暄；三鞭打下風調雨順；四鞭打下四季平安；五鞭打下春苗苗壯；六鞭打下無患無災；七鞭打下果實豐碩；八鞭打下豐收一年；九鞭打下九九歸一；十鞭打下天下平安。」「春牛」被打爛，人們認為打散了「惰氣」，可以勤於全年農事，以求豐稔。鞭畢，抬散亂「春牛」沿地壟緩行一二〇步(象徵十二個月)，置地上燃著，主事者拿鎬頭向二龍廟方向刨土，告示新的農耕活動即將開始，希望神靈保佑。清朝滅亡後此習廢止，今已鮮為人知。

伏日習俗　指三伏即初伏、中伏、末伏的初日。伏日的習俗主要表現在飲食上。舊時，民間有「頭伏餃子二伏麵三伏吃雞蛋」之說。解放後，伏日習俗漸弛，除境內個別有較大年齡老人的家庭還保持這種完整的習慣，大多數人只初伏吃「伏麵」了。但此處的「麵」不單指「麵條」，而指的是麵食了。

立秋日習俗　立秋這天，境內各族人的節令習俗均為飲食表現。是日，多肉食，或燜或炒或烹或燉，亦可做餡吃餃子、包子之類。人們認為立秋暑氣剛過，需補充營養，故又曰「抓秋膘」。這一習慣至今仍在沿襲。

▲ 臘八粥

臘八習俗　農曆十二月初八日。在佛教中，是日為佛祖成道日，傳說釋迦牟尼出家修道，得道之前曾吃過一碗貧苦牧羊女施捨的各種黏米混合的雜燴粥，餐後得道而成佛陀。後來，佛教寺

院每於是日都要舉行臘八會，僧侶們喝黏米粥以示紀念。此習俗傳至民間，便有了臘八日喝粥之習俗。

通榆早年過臘八，家家戶戶多做大黃米飯。食黃米飯有的還拌豬油白糖，其味道香甜可口。也有的將肉丁炒碎鹹菜拌在飯中，食之另有一番風味。時至今天，通榆人過臘八仍保留著吃黃米飯的傳統習慣，只是有些人家已把臘八粥作為臘八的主食了。

祭灶習俗　祭灶是一項在我國民間影響很大、流傳極廣的習俗。通榆舊時，差不多家家灶間都設有「灶王爺」神位，兩旁貼上「上天言好事，下界

▲ 灶王爺和灶王奶奶

保平安」的對聯，以保佑全家老小的平安。傳說灶王爺自上一年的除夕以來就一直留在家中，以保護和監察一家。到了臘月二十三日灶王爺便要升天，去向天上的玉皇大帝匯報這一家人的善行或惡行。送灶神的儀式稱為「送灶」或「辭灶」。

送灶多在黃昏入夜之時舉行。一家人先到灶房，擺上桌子，向設在灶壁神龕中的灶王爺敬香，並供上用飴糖和麵做成的糖瓜等供品，然後用竹篾紮成紙馬和餵牲口的草料。用飴糖供奉灶王爺，是讓他老人家甜甜嘴，以免他說壞話。有的地方，甚至將糖塗在灶王爺嘴的四周，邊塗邊說：「好話多說，不好話別說。」人們用糖塗完灶王爺的嘴後，便將神像揭下焚燒，灶王爺便和紙與煙一起升天了。現在由於移風易俗、樓房增多等原因，祭灶習俗已不多見。

求雨習俗　舊時因水利條件極差，遇到天旱，在人力不濟的情況下，只好把希望寄託於神靈，求雨之舉極為盛行。通榆百姓求雨，習俗及形式皆源於中原。求雨有兩種形式：一是小規模地求神行雨，叫做求雨；另一種是大規模的，叫做求龍。通榆百姓求雨多是小規模地求雨，多以村屯為單位進行。屆時村中男性村民集聚，裸其上身，折柳條紮成圈，戴於頭上。領頭者舉書於黃紙牌上的「大雨時行」四字前行，跟隨者手執銅鑼或盆、桶，以木棍擊之，也時有村民放鞭炮以壯聲威。於震天的雜亂聲中，人們做無章之舞，忘形其中，口中唸唸有詞，齊喊：「淘龍灣，淘龍灣，淘得小龍哏咔叫，淘得大龍不得安！」隊伍所過之處，家家用水潑淋。最後隊伍走到事先指定好的水坑或水井前，取水盡潑，以洩對龍不行雨之憤，大有把龍宮、龍潭鬧得地覆天翻，不得安寧之勢。此等求雨之情勢，祈求之中倒也有「造反」和逼迫之勢，這在其他的祭祀中是不多見的。

民間禮儀

通榆的民間禮儀文化，是通榆民俗文化中的重要內容。主要包括各民族的婚嫁、生育、壽誕及日常禮儀。在日常禮儀文化中，既包含交往禮儀、敬獻禮儀為主要內容的日常生活禮儀，也包括各民族的道德理念。

婚嫁禮儀

古今中外，婚禮都被認為是人生禮儀中的大禮。婚禮和婚姻制度也從一個側面反映了人們的文明程度。在通榆婚嫁禮儀按民族劃分，主要有以下幾種形式：

漢族婚嫁　漢族人的婚嫁在解放前，一直沿襲著父母包辦婚姻的傳統，程序複雜，禮節繁瑣。

新中國成立後，廢除買賣、包辦婚姻，特別是《婚姻法》頒布後，提倡自由戀愛，婚姻自主，婚禮也大大從簡。通榆現在的婚嫁風俗與過去比較還有部分發展變化。男女青年定親有自由戀愛和介紹人介紹兩種。定親後，要到雙方的家中串一趟門。以便讓老人進一步認同瞭解。此後，雙方家長及近親要見一次面，由男方家長設宴招待，農村稱此為相門戶。席後，男方要給女方壓腰錢。婚前，多由女方提出結婚條件（有介紹人的，多由介紹人從中協調）。擇日子結婚稱為「訂日子」，其中選擇節假日及休閒時期雙日子的較多。婚禮當日，俗稱正日子，新郎與伴郎帶花車前往女方住處，叩門喊媽開門。進屋後親朋點煙倒茶，然後抱新娘出門上車，臨行前女方家長要給新郎改口錢，並為女兒帶上一塊豬肉，俗稱「離娘肉」。然後送親隊伍抱包（為娘家陪送的嫁妝）、端燈（現多為檯燈，俗稱「長命燈」）上車。女方送親車隊數量為單，加上新郎迎親花車為雙。女方送親隊伍，送走新娘回來時人數為雙。送親車隊裡圈繞

行，車隊除花車外，備有開道車、錄像車。車
隊至新房後，花車內女方的壓車小孩最後下
車，男方要送上壓車錢。然後送親隊伍進新
房，看新房裝修擺設，新娘為新郎家人近親點
煙倒茶，認親喊爸媽，婆家亦給改口錢。之後
眾人去舉辦婚禮的飯店（農村多在院中安帳設
宴）招待客人。婚宴請有司儀（農村稱「致
賓」）按事先約定好的程序主持婚禮。從簡者
司儀講完主持詞後即開席。從繁者形式不一，
其中包括新郎新娘互相或由伴者陪同，從鋪有
紅地毯的花環甬道步入前台，此時樂隊伴奏，
錄像伴歌播放一對新人的生活、工作相愛的彩

▲ 婚嫁禮儀（徐焱　提供）

照錄像、互送禮物、證婚人證婚、喝交杯酒、新郎新娘及雙方父母親友講話、
獻歌等多種形式。其間人們舉杯歡慶，新郎新娘及父母為來賓敬酒。有好友者
最後離席，意為「壓桌」。

▲ 舊時開通縣婚車

▲ 現代婚禮花車

婚禮之時，婆婆要頭戴紅花，以示喜慶。婚禮當晚，新娘吃寬心麵入洞房，婚後三天回門，一個月後新娘住娘家等習俗現今仍有延續。

蒙古族婚嫁　舊時，通榆縣境內蒙古族人婚姻形式頗多。有「搶婚」「表親婚」「轉房婚」「入贅婚」或「服役婚」「抱斧婚」「碾子婚」「童養婚」「買賣婚」等。一般的婚姻，仍以「父母之命、媒妁之言」為準則，但為保護血緣純正，一般不在同一部落中嫁女。其婚嫁過程大體和漢族相同，包括聘婚、許婚宴、擇吉日、納彩（過禮）、婚儀等禮節。蒙古族婚禮儀式隆重而熱鬧，多在男方家舉行（招贅者除外）。一般為迎親、送親、舉行告天儀式等。喜車到了大門口，男方家出來四個媳婦向車上人問安、敬酒。新娘的兩個「嫂子」接過後，向東西南北灑酒敬神，向車輪灑茶洗塵。進屋後，整裝修容，請「分頭媽」為新娘梳頭，把姑娘的單辮分開梳成「媳婦頭」。梳洗後，夫妻雙雙跪拜天地，拜祖宗，再行拜火禮，請藏傳佛教僧人唸經。之後拜見公婆及親朋好友，行叩首禮。婚禮中每項儀式都有固定的歌曲，互相祝頌或對歌，自始至終都在歌聲中進行。婚禮結束後，舉行婚宴，來賓載歌載舞，通宵達旦。結婚三天娘家（多為嫂子）要來看新娘，並帶些食品，結婚七天回門。

今通榆境內的蒙古族人的婚姻制度和婚禮風俗漸多近漢族。在蒙古族聚居的向海、包拉溫都等地區，仍保留拜天地祖宗、拜火神、拜父母以及唱婚禮歌和同輩間嬉戲至夜的習慣。

滿族婚嫁　舊時，通榆境內的滿族人並不多，但其婚禮很是隆重。族人稱男子成婚為「小登科」。婚嫁過程大體有議親、換盅、擇吉、裁衣、過禮、亮轎、拜天地、設婚宴、鬧洞房、認親、回門等程序和步驟。

滿族人長期遵循同姓不通婚的原則，嫁娶一般實行「婚約」制度。舊時向有重門第輕彩禮之風尚。婚娶日期一般由男家根據雙方生辰八字推定，亦多定為「雙日」。正日之前一天為「送嫁妝日」，女方家請人把嫁妝抬入男方家新房內，稱「亮嫁妝」或「安櫃箱」；婚禮日，男家備彩轎、鼓樂迎親，新郎及陪伴者四人或六人騎馬前往迎親。女家選二名兒女雙全的婦女作為送親婆陪伴，並由父兄叔嫂組成送親隊伍陪新娘去夫家參加婚宴。拜天地須在日出之前舉行，拜畢，新人雙雙進入事先搭建的「帳房」。新娘在帳房內換裝，脫掉姑娘服，換上媳婦裝，並改梳媳婦髮式，稱為「坐帳」。坐帳儀式結束後，新郎新娘出帳，進喜堂，新郎用秤桿揭去「蓋頭」。然後，婚宴開始，至晚席散，新人入洞房。

　　二十世紀五六十年代以後，境內的滿族人婚嫁儀式漸從簡，大體同漢族一樣。

生育禮儀

　　人類之所以能夠世代繁衍、生生不息，是因為有著新生命的不斷誕生。通榆境內各民族自古以來皆視生育為人生大事，添丁進口，傳宗接代，未可等閒。生育禮儀按民族劃分，主要有以下幾種形式：

　　漢族生育　舊時賀生之喜活動並不熱烈，也不造任何聲勢，擺生育喜宴的極少。漢族人的舊俗重男輕女，舊時生男謂「弄璋」，房門外掛弓箭。生女曰「弄瓦」，房門前懸掛紅布條。嬰兒生後第三天謂之「喜三」，全家慶賀，主要是改善一頓伙食而已。幼兒滿月之前，親友須攜禮物「下奶」。嬰兒百日稱「過百歲」，一般宴請親友，被請者送賀禮，禮物多為衣物、玩具、嬰兒食品等。

　　現在，主家生子，一般七日或滿月、百日設宴招待至近親友，親友隨禮金以示祝賀，而以糖、蛋、掛麵「下奶」者漸少。

　　蒙古族生育　蒙古族婦女生孩子後，一般每日餵三次母乳。如母乳不足，

▲ 剪髮禮

則以牛羊乳兌水代之。

蒙古族生了小孩後，也有如漢、滿民族相類似的禮儀習俗。如「洗三」「滿月」等。新生兒滿百天舉行「過百日」。過週歲時，有兩項重要內容：一是「抓歲」，二是打「絆腳線」。蒙古族小孩到三五歲時，要在奇數年齡時舉行剪髮禮，邀請親朋好友參加。近年通榆縣境內這一習俗已經越來越少，只可在少數蒙古族聚居的地區見到。

滿族生育　女真人的後裔滿族人十分重視誕生禮。滿族婦女在臨盆前，先將炕席捲起，然後把嬰兒生在鋪以穀草的炕上，故稱「落草」。這是滿族人對其先世生育習俗的一種繼承。

滿族人稱第一個看到新生兒的外人為「採生人」。滿族人為對外告知所生嬰兒的男女性別，滿三天時，如是男孩在大門梁上掛一木弓，三支木箭，箭頭指向門外，俗稱「公子箭」，意在孩子成人後能「弓馬嫺熟」，馳騁疆場。生女孩在大門梁上掛一串銅錢，拴一條紅布，象徵吉祥。

滿族人孩子生下三天時要舉行「洗禮」，俗稱「洗三」，一個月要做「滿月」，又稱「彌月」。是日，親朋好友都前來祝福，主人要設宴待客，謂之「吃滿月酒」，並以長麵條為主食，取其綿綿長壽之意。習慣禮品為銀製的長命鎖、手鐲、腳鐲等。孩子滿月後，娘家接女兒回門，同時還要送一台悠車，一枝桃樹枝或一枝杏樹枝，上掛一串銅錢和一條紅布。脖子上掛一縷白線，名曰長壽線。若生的是女孩，只送一台悠車，別無他物。

壽宴禮儀

做壽慶，過壽誕風俗，在我國有著悠久的歷史，至今仍在延續。隨著時代的發展壽誕風俗的形式有所改變，在通榆主要有以下幾種形式：

生日　通榆縣境內各民族一般五十歲特別是六十歲以上整壽都有不同程度的喜慶活動，謂之「過大壽」。所請客人一般以家庭成員和近親為主，主食多為麵條和餃子。舊時，兒孫、至親等送長壽麵、壽桃。文士之家多送壽聯、壽幛，壽聯一般為「福如東海，壽比南山」之類，壽幛均為滿幅大壽字，有的上下款題祝語。

▲ 滿族悠車

二十世紀七八十年代以後，各民族生日禮儀漸趨一致。家庭成員過生日一般都以生日蛋糕代替傳統壽桃壽麵，分切生日蛋糕時唱《生日快樂》歌。長輩慶壽一般也不再行叩首禮。近年來，多數人家為長者祝壽已由家中排宴改在飯店舉行。並請司儀，聘歌手，依序而行。

「大順」　年至六十六歲，在通榆謂之「大順」。六十六歲生日也因此被稱為「大順壽」。舊時在父母六十六歲生日時，已出嫁的女兒要辦六點六斤或六點六兩肉回娘家祝壽。一般壽宴開始之前，兒孫們依序行叩首禮，宴席上依序為「壽星」敬酒祝福。近二十年，已將「六點六斤或六點六兩肉」改為六十六個小餃子，壽星一天內吃掉，謂之「天天大順」。近年因生活水平提高又出現了「順發壽」（68歲）、「起發壽」（78歲）、「發發壽」（88歲）等。

蒙古族為老人祝壽　蒙古族人習慣上青壯年不過生日，只為老人祝壽。過本命年和六十、七十、八十、九十、一百歲整壽，壽誕氣氛熱烈而莊嚴，宴席豐盛而隆重。壽星端坐主位，接受兒孫拜壽和親朋祝賀。在琴聲和祝壽歌聲中，兒孫們按輩分依次敬獻「藍色朗翠大哈達」並行叩首禮。向壽星獻「德吉」，即第一口酒和第一口菜，同時獻祝詞。壽星一一答詞後禮畢。壽星舉杯過頭或放在胸前，無名指蘸酒，向空中「潑祭」三次，感謝蒼天護佑。向地「潑祭」三次，感謝大地恩惠。然後續用無名指蘸酒，為敬獻者施塗抹禮，祝幸福和好運。之後，壽星作即席講話。然後，在祝福歌聲中，共進壽宴，親友

輪番敬酒。酒過三巡，青年紛紛離席，跳「盅碗舞」「筷子舞」，唱蒙古族民歌，不斷把宴席推向高潮。也有舉行酒後摔跤、射箭、賽馬等「男兒三藝」，並舉行篝火晚會的。

舊時，蒙古族老人壽誕不按具體生日日期，只要進入本命年，即在正月初一到十五的任何一天均可。舉行壽宴時，請藏傳佛教僧人念平安經，由壽星講述民族和家族史，對青年進行傳統、道德、倫理教育，並對親友致辭，祝幸福好運。現在通榆縣境內的蒙古族老人壽誕活動，除聚集區保留部分傳統習俗外，已多與漢族人相同。

日常禮儀

在通榆的日常禮儀中傳統與民族色彩都比較濃厚，主要包括交往禮儀、敬獻禮儀，具體內容如下：

交往禮儀

見面　舊時，人們見面，均以合手（抱拳）打躬為禮。初見面者，各自互

▲ 舊時見面作揖

報姓名，需詢問時，以「貴姓」「名甫」為問，以「免貴姓──」「名──」為答。官員、士紳相見，打躬之後，熟悉者互道表字，後加「兄」，然後，互以「久違」開場。初見者如經人介紹或自遞名片，報「弟」，還以「久仰」之類寒暄語式。

建國後，抱拳打躬漸改為握手，初識者單手輕握，熟悉者可以加雙手，以示親近。其後，人們見面抱拳打躬者漸少，至新中國成立後絕跡。近年來偶有抱拳為禮時，多為特殊場合之特殊行為，已不為民俗所用。

拜訪　人與人之間拜訪，有出於日常工作、生活需要的拜訪和節日拜訪之分。舊時，士紳、官員們拜訪多需報名或投遞（遞名片），主人有請時方可入內。平常百姓拜訪，一般是直入其戶。講禮儀者敲門再入，大多數人則直接排闥而入。拜訪者是平輩或長輩需抱拳、打躬，被訪者或迎出戶外或起立相迎；拜訪者若是小輩則需脫帽，加行叩拜之禮，被拜訪者起立攙扶，然後分賓主入座，各道契闊後，進入正題，拜訪者說明此行目的。拜訪完畢，為官宦士紳者，一般需觀察客人顏色，見已無事，便行「送客」之禮。平常人家事畢後，客人起立，行告別禮，各道「再會」之後離去，主人送出。新中國成立後，拜訪作為社會生活常見活動，一般不拘禮儀，但拜見尊長時仍需溫良，講究禮貌。

拜年　舊時拜年多為禮節性，一般無目的者不攜禮物，被拜訪者家有長輩，來訪者一般需要攜帶象徵性禮品些許，以示賀意。平輩見面道「恭喜」「恭喜」，主人邀客人入內視情況淺聊數語，或長或短，然後告別。小輩給長輩拜年，每行叩拜之禮，一般情況，還要有簡單的禮品作為賀禮，長輩賜以「壓歲錢」若干。年內結婚的夫婦到岳父母家拜年稱「拜新年」，需攜四種禮品，俗稱「四合禮」。此種習俗沿至二十世紀六七十年代。其後，春節拜年必攜禮品漸成風俗。

隨禮　人們有婚嫁、生子女、搬家、誕辰、升學、喪葬活動等俗稱「紅白喜事」活動時，親友、同仁、同學、戰友等均須隨禮。舊時，禮品不重，多為

象徵性，二十世紀八〇年代後，禮值日重。

敬獻禮儀

主要包括敬茶、敬煙、獻德吉、獻哈達等禮儀，具體形式如下：

▲ 敬茶

敬茶　境內各族均有敬茶之禮。客人來了必須沏茶，先要把壺用水「暖」一下，然後沏茶。沏好茶，如果喝茶人多，不能把茶水一兩碗倒乾，要均勻地倒入各碗，茶壺續上水後，再一次填滿。如此時再有客來，壺中的茶即便是新沏的，也必須倒掉重新沏。壺嘴不能對著客人，否則就是對客人的不尊敬、不禮貌。客人喝茶時，有時還要端上奶皮子、奶豆腐勸客人食用。而今，以茶敬客，已採用扣碗或單杯沏茶了。

敬菸　通榆縣境內的各族居民均有敬菸禮。舊時，每戶人家必設「煙笸籮」，內盛碎菸（其菸有「蛤蟆頭」和「葉子煙」之分）。客人到來用煙袋敬煙，而後又發展為用手捲紙煙敬客，主人親自為客人點火，送客人吸食。蒙古族人多喜鼻煙，到蒙古族家庭做客時，主人常拿出一個非常精緻的鼻煙壺給客人嗅一嗅，或者客人從中倒出一點「菸」來，用手指捻後用鼻吸入。

隨著黃煙、紙煙的盛行，吸鼻煙者漸少。現今在通榆的向海、包拉溫都等蒙古族聚居地方，客人來了仍偶有鼻煙相敬。其他各地，人們則以卷煙相敬了。

獻德吉　蒙古族把進餐時的第一口稱為「德吉」，即首杯、首箸、首口之意。吃菜、喝酒和飲茶的第一口，也被稱為「德吉」。蒙古族家庭裡來客人進餐或飲茶時，多是青年人把第一杯酒（茶）獻給客人，吃飯、吃菜也是請客人

先動筷子吃第一箸。這就是獻「德吉」，蒙古族人稱「德吉烏日根」。如果來客是年輕人，接「德吉」後，也不能先自己享用，而是請本家家長享用，給長者斟酒、倒茶。在沒有客人，自家吃飯（或用茶）時，也總是請長者先動筷、先吃、先飲。蒙古族人飲酒前，用無名指蘸酒彈向空中，也是獻「德吉」。

　　節日時，如家中掛有成吉思汗像，則將德吉獻於成吉思汗和已故的長者遺像前。以表示對尊者、死者的懷念和尊敬。這種敬獻禮儀如今在蒙古族群眾中，一些上了年紀的人們有所傳承。

▲ 獻哈達

　　獻哈達　藏傳佛教傳入內蒙古後，蒙古族中就有了「獻哈達」這一禮俗。哈達是藏傳佛教的禮教用品，也是喜慶交往慶賀的禮品和哀悼喪葬的敬謁禮品。不過敬獻哈達，起初主要在宮廷、官府、寺廟等上等社會進行，在民間流行始於十六世紀後期。

　　哈達長短不一，有的一尺三寸到三尺，也有的三尺以上，最長的可達九尺至一丈二尺，稱「朗翠」大哈達。哈達以白色為主，也有藍色和黃色的。大部採用絲綢為料，也有用絹紗或者普通白布的。有的上面還要繡上「八寶」「雲襪」等花紋。

　　對尊者、長輩獻哈達時，獻者要雙手舉過頭頂，哈達要對折起來，折縫向著接受者，否則，即為失禮。獻上哈達後下半跪請安禮，接受者再將哈達回獻物主。在蒙古族地區解放後除特殊場合外，在民間已經不再獻哈達了。近年來，由於通榆旅遊事業的發展，在一些飯店、賓館出現了載歌載舞敬獻下馬美酒，敬獻潔白哈達迎接貴賓的禮儀。

民族服飾

　　通榆地方各民族的服飾文化是地方民俗文化中最具特色的重要組成部分之一。特別是世代生活在通榆地方的蒙古族、滿族等少數民族的傳統服飾，能夠長期保持其鮮明的民族特點，為通榆民俗文化增添了一抹亮麗的色彩。

漢族服飾

　　髮式　民國前，通榆地方無論官民，成年男子剃額剃鬢，束頂髮結辮，垂於腦後，勞動階層多依時令或垂或盤。一般男子四十歲以後蓄鬚，但有父健在者蓄鬚者甚少。女子未婚的梳單辮，婚後梳「疙瘩鬏」。清亡後，除少數遺老外，男人不再留辮，多剃光頭，部分城鎮青年留中分式短髮。成年人蓄鬚者漸少。女子的髮式變化多在縣城，女青年留雙辮者居多，知識階層女青年多剪短髮，一般為前齊「瀏海兒」，後齊頸下。少數青年女子（如富家女子或從藝者）燙披肩長髮。此一時期老年女子及農村女子髮式一如清時，無大變化。從解放到近年來，男女髮型多有變化，人們不斷追求著時尚的髮式。

　　至於各類首飾，自清朝至解放後再至現今材質無大變化，無非是金、銀、及各種名貴石頭等，但做工、花形卻有了較大變化。變化大的是手錶，漸入高檔，原來的計時功能已不被重視，漸漸成為其個人財富的象徵。

　　服飾　通榆在未建置前，一直是少數民族居住地區，東胡、鮮卑、契丹、蒙古族都曾在此留下深深的烙印。大批漢族人進入通榆是在建置後，這時已經是清代晚期，其服飾受滿族的影響，衣冠皆從滿制。男子平時著長袍、馬褂、白襪、青鞋。袍色多用灰黑或藍色，馬褂則用青色、料質以大布、花旗為主。農家一般用粗布，即「家織布」，腰間束帶。儉者或不著馬褂，只於內衣之外套藍布大衫，長可過膝。冬月天寒，多著氈鞋、皮襪，多戴黑或褐色兩耳帽

（左右有兩耳的氈帽）。如新年或遇喜事兒，富者著狐帽貂袍，腰束絲帶，足著緞靴。貧者頭戴氈帽，上著短襖，下著棉褲（布色多藍），腳穿軏鞋，有愛美者在鞋上堆雲錦，名曰「網雲子鞋」。解放後，人們的服飾隨著時代潮流的改變，從中山裝、列寧服到軍裝綠。現在男人多以西裝革履，夾克T恤為主，女士服飾鞋帽更是百花齊放了。

▲ 解放前男女服飾

蒙古族服飾

　　髮式　古代蒙古族亦為辮髮之族，男人髮式在室韋時期為「撥髮」，成吉思汗時期至歸附清朝以前留「三搭頭」，清時髮式隨滿俗。

　　女子髮式，清朝時在聚居區的蒙古族已婚婦女梳盤髮高髻，用扁簪橫插在髮根，並用珊瑚、瑪瑙、朱玉等串綴成串，盤紮頭上，叫塔塔古爾（額箍），

▲ 蒙古族草原牧民服飾

外用絲巾綢布纏繫。未婚女子把頭髮自前至後分為兩部分，把髮根處紮緊，髮根上面各飾一個大圓珠，髮梢下垂，並用瑪瑙、珊瑚、碧玉等裝飾。也有的地方姑娘不分髮，梳一根長辮搭在身後，上繫小型飾件。民國以後，通榆縣境內的蒙古族男女髮式漸同漢族。

　　服飾　蒙古袍是蒙古族人民為適應牧業生產和自然環境而創造的一種傳統服裝，具有濃郁的草原風格。多為綢緞類製成，衣領、衣襟、袖口皆有豔色的鑲邊；衣釦多用黑條子繡製，或綴以特製的黃銅釦子；從右方開襟，左方多不開衩。按季節分為單袍、夾袍、棉袍和皮袍。牧區冬裝多為光板皮衣，也有綢緞、棉布衣面者；夏裝多為布裝。長袍肥大，袖長，男女長袍下襬均不開衩。以

▲ 蒙古族靴子

紅、綠綢緞做腰帶。男子腰帶上多掛刀子、火鐮、鼻煙盒等飾物。喜穿軟筒牛皮靴，長到膝蓋。農民多穿布衣，有開衩長袍、棉衣等。冬季多穿氈靴靰鞡、高筒靴，保留紮腰習俗。

蒙古族坎肩是蒙古族民族服裝的配套服飾之一，是蒙古族長袍的一種外套。坎肩無領無袖，前面無衽，後身較長，正胸橫列兩排紐扣或綴以帶子，四周鑲邊，對襟上繡著鮮豔花朵，並綴有五顏六色的電光片兒，光澤閃閃。比較有特色的是蒙古族摔跤服，包括坎肩、長褲、套褲和綵綢腰帶。

鞋帽 蒙古族男子多戴藍、黑、褐色帽，也有的用綢子纏頭。女子多用紅、藍色頭帕纏頭，冬季和男子一樣戴圓錐形帽。

蒙古族禮帽是蒙古族男子首服之一，是一種橢圓形的、四周有一圈寬邊簷的帽子。一般用精緻呢料製作，多為黑色、棕色或灰色，帽筒前高後低，帽頂中央稍凹陷，帽筒與帽簷相接處，綴以花紋鑲邊。穿蒙古袍或西服，佩戴禮帽，顯得文雅美觀。

蒙古族靴子是蒙古族民族服裝的配套部分之一，分布靴、皮靴和氈靴三種。

現今通榆縣境內的蒙古族，其服飾鞋帽已趨漢化，本民族服飾在重大節日之中才會有人穿或作文藝表演之用。

滿族服飾

髮式、頭飾 滿族髮式頭飾獨具特色，特別是女子的頭飾，更是雍容華貴，落落大方。

滿族入關前，男子髮式是剃髮留辮。「胡俗皆剃髮，只留腦後少許，上下兩條，結辮以垂。口髭亦留左右十餘莖，余皆鑷去。」入關後，男子髮辮形式雖無根本變化，但保留的頂髮和髭鬚較前增多，主要是為便於在山林中騎射。滿族人認為髮辮是真魂棲息之所，視為生命之本，在戰場上陣亡的八旗將士，髮辮必被人帶回故里，被隆重埋葬。

▲ 滿族服飾

　　滿族婦女在成年前，只梳一根單辮垂於腦後，辮梢上纏紅繩，前額剪成「瀏海兒」，並常以金銀、珠寶製成別緻的珠墜，繫於辮梢上。已婚婦女必須綰髮盤髻，中間橫插一根銀製的扁方，稱「高粱頭」，地方俗稱「大撐子」。其中最典型的是梳「兩把頭」，將頭髮束在頭頂，編成「燕尾式」，長頭髮在後脖頸上，並戴上扇形髮冠，這種髮型稱「旗頭」「京頭」，滿語為「答拉赤」，俗稱拍子、花冠或稱子。自古以來滿族婦女就重視髮式頭飾，並且從不纏足，故有「金頭天足」之美譽。時至今日已同漢族無異。

　　服飾　滿族的傳統服飾，既充滿北方游牧民族的特色，又吸納了漢族服飾的精華，顯得更加豐富多樣，富於變化。滿族有尚白的習俗，以白色為潔、為貴，白色象徵著吉祥如意。所以傳統的滿族服飾色彩多以淡雅的白色、藍紫色為主，紅、粉、淡黃、黑色也是其服飾的常用色。

　　滿族最具特色的服飾是旗袍。旗袍，滿語稱「衣介」。從古代一直到民國時期，旗袍一直都是滿族男女老少一年四季都穿的服裝，分為單、夾、

皮、棉四種，又分男式女式兩大類。清初男子旗袍為圓領、大襟、箭袖，四面開衩，繫扣絆，腰中束帶。箭袖是為射箭方便，滿語稱「哇哈」，形似馬蹄，又稱「馬蹄袖」。冬季在棉袍外往往套一件長到肚臍、四面開衩、對襟的短褂，俗稱「馬褂」。清末，男式由四開衩改為左右兩開衩，箭袖多改為平袖。隨著時代的發展，男旗袍已漸棄不用，只有八旗婦女日常所穿的長袍才與後世的旗袍有著血緣關係，並在不斷演變中成為中國傳統女裝的代表。

坎肩也是滿族人常穿的服飾。坎肩亦稱背心、馬甲、披襖、搭護等，滿語稱「窩龍帶」。坎肩是在進關之後民族融合的產物，是由漢族的「半臂」演變來的。

鞋帽　滿族有「女履旗鞋男穿靴」之說。早期滿族男人多穿雙涼鞋。婦女皆穿「平底鞋」「千層底鞋」。雙涼鞋是滿族男人的便鞋，鞋面多用青布、青緞布料。千層底鞋用多層袼褙做鞋底，故得此名。鞋面多為布料，一般不繡花卉等圖案，多在勞動中穿用。平底鞋鞋面一般用布或緞，色澤不一，鞋面上皆繡花卉圖案，鞋前臉多繡「雲頭」，屬家常便鞋。

旗鞋　這種繡花的旗鞋以木底為佳，史稱「高底鞋」或稱「花盆底」鞋、「馬蹄底」鞋。其木底高跟一般高五至十釐米，有的可達十四至十六釐米，最高的可達二十五釐米左右，一般用白布包裹，然後鑲在鞋底中間腳心的部位。跟底的形狀通常有兩種，一種上敞下斂，呈倒梯形花盆狀。另一種是上細下寬、前平後圓，其外形及落地印痕皆似馬蹄，「花盆底」和「馬蹄底」因此而得名，又稱「高跟鞋」。除鞋幫上飾以蟬蝶等刺繡紋樣或裝飾片外，木跟不著地的部分也常用刺繡或者串珠加以裝飾，有的鞋尖處還飾有絲線編成的穗子，長可及地。高跟鞋多為十三四歲以上的貴族中青年女子穿著，老年婦女的旗鞋，多以平木為底，稱「平底鞋」，其前端著地處稍削，以便行走，愛美者或用綢緞堆雲錦，名曰「網雲子鞋」。貧者鞋為藍色，稱「青蛙」。靴子有夾有棉，可用緞、絨、布、革製作。按規定，官員穿方頭靴，平民穿尖頭靴，另有

薄底快靴，俗稱「爬山虎」，多為兵丁武士所穿。

　　靰鞡　是滿族傳統的防寒靴鞋之一，以豬、牛、鹿等獸皮（後多用牛皮）縫製而成。形狀為前尖後圓，前臉拿褶，鞋底後面呈方形，釘大圓釘兩個；鞋幫貫以六個鞋耳，鞋口近腳處墊以襯布，並用一細皮帶聯結鞋耳。鞋較寬大，穿時內著氈襪，並在鞋中充墊「東北三寶」之一的靰鞡草。男子出遠門者多穿俗稱「蹚突馬」的革靴，冬季內襯氈襪，輕便保暖。

　　帽子　滿語稱「瑪哈」，大致可分為禮帽、氈帽、暖帽、涼帽或便帽等。禮帽，又稱四喜帽或「四塊瓦」，有四個毛皮耳，皮耳縫以貂等皮毛，多為富家子弟所有。耳朵帽即氈帽，在天氣寒冷的時候使用，有左右兩耳，上縫製皮毛。滿族婦女秋冬多戴「困秋帽」，式樣與男帽略同，有簷，帽頂有蓋花，並綴有飄帶。多數婦女也常戴耳包。便帽，亦稱小帽，六瓣縫合而成，俗稱「瓜皮帽」，乃滿族通常戴用的半圓形小帽，多為黑色。富人帽的正前面綴有碧璽或翡翠，亦有綴珍珠者，稱為「帽正」。暖帽，有簷，即冬季戴用的毛皮氈帽。在氈帽耳朵上縫製各種皮毛，高檔者有狐狸毛皮的。耳朵帽為黑色或褐色，左右有帽耳以御風寒。涼帽，也叫草帽，無簷，形如覆釜，用「得勒蘇」草或竹絲、藤絲編成，有綴纓、尖纓涼帽、繫孔雀翎涼帽之別。六合帽，帽面以六塊綢緞拼合而成，俗稱「六塊瓦帽」，帽下沿鑲有寸寬繡邊，前端釘一個玉或翠的飾物，帽上方綴紅頂。隨著時代的發展，這些特色服飾逐漸遠離了人們的生活。

▲ 滿族鞋子

飲食習慣

一方水土，養一方人。地域與文化上的差異，使得各地在飲食習慣上也存在著差別，下面介紹一些具有通榆特色的大眾餐飲、特色菜品、特色主食以及少數民族的特色食品。

大眾餐飲

主要包括主食與副食兩大部分：

主食 古代的通榆人以漁獵為主，主要食物來源只能是禽、獸和魚蝦類，或有野生植物的根、莖、葉、實等佐食。進入奴隸制社會後，有了原始農業，食物結構漸漸轉入以糧食為主，畜禽肉類便作為調劑食物了。然而，以游牧為主要生活方式的東胡族系各族人，一直以肉、奶食品為主。

清朝至民國時期，通榆地方非草原游牧的城鄉居民的主食以雜糧為主。清朝後期大片的土地開發後，城鄉各地的飲食結構漸趨一致，只是蒙古族人因習慣而肉奶食品比例稍多。中下等人家以粗糧為主，米飯類主要是高粱米飯、小米飯、黃米飯。黃米在端午節時也用來包粽子，為該節令專用食品。粥類主要有高粱米粥、小米粥、玉米粥（亦摻部分芸豆合煮）。粗糧麵食以玉米麵蒸窩頭、菜包、貼餅子為主，因有時玉米麵中摻百分之一〇到百分之二〇的大豆麵，故人們又習稱之為「雜和麵兒」。黃米麵多在臘月後蒸豆包、撒切糕；另外用於改善生活的有蕎麥麵，可做麵條、蒸餃、烙餅、軋飴餎等。通榆地方細糧中大米甚少。白麵類主食有水餃、蒸餃、包子、各種烙餅、麵條、麵片、饅頭、花捲等，常食用的還有「疙瘩湯」。至於各種點心、餅乾類只是人們年節走親訪友的禮品。中華人民共和國建立後，主食中細糧比例漸增。雖然二十世紀五〇年代以後糧食定量，但城鎮人口每月的細糧還是保證供應的，農業人口每逢年節也有部分細糧供應。二十世紀八〇年代以後，細糧成為城鄉居民的主

食；二十世紀九〇年代以後，「舶來」的「洋」食品漸為青少年所喜愛，如漢堡包、三明治等。牛奶成為大眾化的食品則為近年所興，進入二十一世紀後，已為大眾平常食品。

▲ 漬酸菜

副食　人們在飲食方面對高層次的追求，主要體現在副食、飲品及嗜好品的品味差別上。

在通榆副食品類主要有蔬菜和肉類兩種。通榆縣境內各族人在蔬菜類食品的喜好上大體相同，蔬菜品種以土豆、白菜、蘿蔔、茄子、青椒、黃瓜等為主，用量較大。常食用的還有西葫蘆、韭菜、芹菜、豆角、倭瓜、甘藍（大頭菜）、地瓜以及大蔥、圓蔥等等。二十世紀三〇年代以後，西紅柿逐漸成為食用蔬菜。七八十年代以後，引進蔬菜主要有菜花、茼蒿、油菜等。食用的山菜主要有蘑菇、木耳、黃花菜等。經加工後食用的菜有豆芽、豆腐、粉條等。舊時，醃漬菜、乾菜、野菜，主要用於彌補冬季時鮮蔬菜的不足，現已作為習慣性食品而保留下來。

肉類，曾是通榆縣境內古代漁獵部落的主食，當時人們以獵食野獸、魚類為主，有了畜牧業以後以食養殖獸、禽為主，進入農業社會後肉類漸成為副食品。畜肉以豬肉、牛肉、羊肉為主，兔、狗、驢肉偶食之。禽肉以雞、鴨、鵝肉為主。二十世紀七八十年代以後，一些地方發展鴿子、鵪鶉、火雞等養殖業，食用者漸多。近年，因人類活動領域擴大、野生動物棲息地漸少，生態環境的改變使這些野生動物已不多見。近年因向海成立自然保護區，加之國家頒布《中華人民共和國野生動物保護法》，食用野生動物現象逐年減少，所食多為人工養殖的大雁、鵪鶉、家兔所取代。

蛋類以雞蛋為主，鴨、鵝蛋主要用於醃製鹹蛋。二十世紀八九十年代曾流

行食用鵪鶉蛋，後因獲利微小，飼養者漸少，而逐漸淡出蛋類市場。

副食中的魚、蝦類。二十世紀五六十年代前，市場供應多來自天然捕撈。通榆有三條過境河流，形成了許多湖泡，天然魚類一直很多。六七十年代以後，為了發展養殖業，通榆興建了向海、興隆、勝利三座大中型水庫，各鄉鎮也興建了許多小型水庫，人們食用之魚絕大多數為養殖產品。食用魚主要有鯉、鯽、鱅（白胖頭）、鱅（花胖頭）、鯰魚、嘎牙子（黃顙魚）、草魚、白魚、鯿花、泥鰍等。還有河蝦和少量的鱉（甲魚）以及青蛙等。另有海產品如刀魚（帶魚）、黃花魚、螃蟹、對蝦等外進產品。

▲ 羊湯

特色菜品

通榆的地方菜品很多，在這裡僅介紹十種具有代表性的「大菜」：

羊湯　通榆的羊湯極具風味，可謂一絕。最典型的做法是，將二至三年的肥羊宰殺接血去皮，將內臟取出，腸、肚清理乾淨，將羊窠郎不去骨分割成小塊。分鍋將肉、肚、腸「緊」一下，漂去血沫髒物，用清水洗淨，將內臟、肉等煮熟。血倒入沸水中煮熟後，放清水中涼透，然後將帶骨的肉及心、肺、腸、肚、血切成條，一同放入鍋中不加佐料慢燉二至三個小時，至湯呈乳白色，裝

▲ 滾刀肉

▲ 手扒肉

盆上菜，由食客自行盛入碗中食用。
桌上放醋、鹽、蒜末、香菜等調料，
依口味自己向湯中添加。這道菜不羶
不膩，爛熟純香，天然純樸，不到通
榆是享受不到的。

　　滾刀肉　即紅燒羊脖子。把新鮮
羊脖子洗淨煮熟，再拌以作料紅燒，
做成後呈肉紅色，大盤上桌，光澤鮮
豔，看之就已令人垂涎欲滴。其肉鮮
美不膩，骨爛筋熟，香嫩可口。因為
似肉墩形，食用時必須用刀或筷子撕
下肉來，大家輪流割肉吃，這肉墩就
在盤子裡滾來滾去，因而這道菜得名
為滾刀肉。

　　手扒肉　蒙古族千百年來最喜歡
的傳統食品，因用手抓著吃肉，故名
手扒肉。牛、羊、馬、駱駝等家畜及
狍獸類的肉均可用來烹製手扒肉，但
通常的手扒肉主要指手扒羊肉。手扒
肉是蒙古族款待客人必不可少的佳
餚。

　　烤全羊　烤全羊是蒙古族的傳統

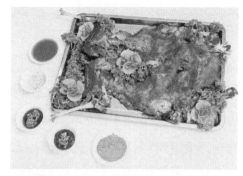

▲ 烤全羊

▲ 烀狗肉

▲ 白肉血腸

食品。通榆的烤全羊選用一年半至二年的嫩羊，宰殺後去內臟，用特別的器具
將整羊做成一隻臥著的活羊式樣，在炭火上烤三至四個小時，然後上桌。肉味
鮮美，香飄滿堂，濃郁撲鼻。賓客在進餐前，要舉行一定的儀式，高唱讚歌，
朗誦獻烤羊的祝詞等。賓客要高舉酒杯以示感謝，然後將羊分割，蘸調料食

用。

炉狗肉　通榆地方一種特色菜品。將狗宰殺後，去毛，將窠郎砍成大塊，放大鍋中炉。炉狗肉的用料是秘製的，一般不外傳。炉熟後，大塊上桌，食者可用手掰著吃，很有原始風味。

白肉血腸　白肉血腸是從古時候女真帝王及族長祭祀所用祭品演變而來的。所謂血腸，即「司俎滿洲一人進於高桌前，屈一膝跪，灌血於腸，亦煮鍋內」，這就是血腸，通稱「白肉血腸」。清代瀋陽和吉林地區開設的白肉館，都兼營血腸，成為遼寧和吉林省滿族特有的傳統名菜。

白肉血腸選料考究，製作精細，調料味美，白肉肥而不膩，肉爛醇香，血腸明亮，鮮美細嫩，配以韭菜花、腐乳、辣椒油、蒜泥等佐料，更加醇香四溢，鮮嫩爽口，備受人們的喜愛。這道菜現已成為通榆城鄉非常普遍的接人待客的特色佳肴了。

河水燉河魚　這是來通榆向海旅遊的人們必食的一種特色佳餚。在河邊架起大鍋，將純淨無污染的霍林河水燒沸，把從河中捕撈上來的鮮魚在鍋邊去內臟，直接投入鍋中，沸水中鮮魚還在亂跳。慢火燉一到二個小時後，大碗上桌。所燉之魚在沒有油和各種調料的情況下，只有鮮魚原汁原味的鮮美，食之令人難忘。

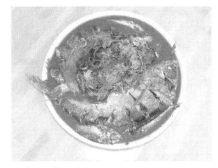

▲ 河水燉河魚

一鍋出　源於舊時農家。夏季農忙時節，家庭主婦做飯時，在一個鍋中又燉菜又炉餅子，菜燉在鍋底，餅貼在鍋邊，餅子上浸著菜的香味，讓人一想就垂涎欲滴。這種做法既得到了美食，又省時省力省柴，同時也免去炕熱烙人之苦。

▲ 一鍋出

通榆的一鍋出是將鐵鍋直接搬上桌，體現了通榆人的性格。多數一鍋出裡有排骨、油豆角、土豆塊，鐵鍋的四周貼上玉米麵的餅子。此菜用料十分豐富，味道也別具一格，豆角綠綠的，綿而不過爛，土豆塊已經到了被燉得沒有任何棱棱角角的狀態，入口即化。而吸收了青菜香味的排骨，更是鮮香無比，味道也不錯。當然主菜可以改成魚、牛肉、雞肉等等。也可在鍋邊貼上一圈小花捲，吃起來更有風味。

▲ 年豬燴菜

年豬燴菜　殺年豬是通榆地方的傳統習俗。舊時，屯中某家殺豬，親戚朋友、左鄰右舍都要去幫忙。「老娘們兒拿把菜刀就去忙活，不光為吃口豬肉，也是為個走動。」那時，冬季很少有時令蔬菜，於是便切上一大鍋酸菜絲和新鮮豬肉一同放在鍋中燉。燉到肉、菜爛熟，上桌時，再切一些血腸放在裡邊。肥肉在酸菜中燉後，香而不膩，蘸上蒜醬食之，香味滿口，攢走半年饞蟲。此菜由於下鍋的原料較多，一般要吃上一週左右。每餐反覆熱燉，其肉已經爛熟，酸菜已經沒有了酸味，越燉越好吃。

三英戰呂布　炆土豆、茄子、蒸雞蛋燜子。這道菜在通榆很是流行。特別是在農村，平常百姓家常將茄子、土豆和雞蛋燜子放在一個鍋中一次蒸熟，上

▲ 三英戰呂布

桌後將土豆、茄子搗爛，將雞蛋燜子拌在一起食用。

　　農家在蒸茄子、土豆和雞蛋燜子的同時，在鍋中還蒸了一些窩窩頭，因為這三種菜品與窩窩頭形成了菜品包圍主食的布局，人們就以三國故事「三英戰呂布」來形容。三英即土豆為劉備，茄子為張飛，雞蛋燜子為關羽，呂布則為窩窩頭。「三英」就著「呂布」，食之，既說之有趣又食之有味，簡單好做，營養豐富，是農家的常用食品。

特色主食

　　通榆人的主食大體與所有東北人的主食一樣，以饅頭、餃子、麵條、油條、餅等為主。以下是比較有特點的幾種主食：

　　玉米漿餅子　這種食品是在玉米棒將要成熟還未成熟之前掰下，去皮，用一舌板將玉米漿舌下來，打入幾個雞蛋，將豬油、蔥花、鹽放入漿中攪勻，取玉米棒皮子把漿倒在皮子上，做成一個個餅子形，上鍋用大火蒸熟，二十分鐘後帶皮上桌。其味極佳，既有青玉米的鮮嫩，又有蔥油鹽的香味，很獨特。

　　驢打滾　在通榆亦稱豆麵卷子、豆麵餑餑。這種食品有一個有趣的傳說：據傳慈禧太后吃煩了宮中食物，想嘗點新鮮玩意。御膳大廚左思右想，決定用江米粉裹著紅豆沙做一道新的小吃。剛

▲ 驢打滾

▲ 龍虎鬥

▲ 粘豆包

一做好，便有一個叫小驢兒的太監到御膳房來端菜，不小心將其碰到了裝熟豆麵的盆裡。再重新做來不及了，沒辦法，只好硬著頭皮將滾滿了豆麵的「新菜」端上了桌。慈禧一吃，覺得味道不錯，就問大廚：「這叫什麼呀？」大廚想了想，都是那個叫小驢兒的太監惹的禍，就跟慈禧太后說，這叫「驢打滾」。從那以後，就有了「驢打滾」這道飯食。

通榆地方沒有江米，便用大黃米麵。製作方法是用涼水將大黃米麵和成軟麵糰，上鍋蒸熟，放涼。將大豆炒熟，碾成麵。用熟豆麵當補麵，把熟大黃米揹薄，捲成卷後，切成小段，可直接食用，也可蘸白糖食之。

龍虎鬥　就是二米飯，即將小豆先下鍋煮五成熟，再下大米，然後下小米，均八成熟撈出，用大鍋蒸或倒入鍋中沥熟即可。這是通榆人喜食的一種特色主食。大米、小米即「龍虎」，「鬥」為豆的諧音，故稱龍虎鬥。

黏豆包　一種源於滿洲的食品。滿洲人傳統上喜歡黏性的食品，有利於保持體力，以便於在寒冷的天氣里長時間地進行戶外活動（如狩獵等），後來逐漸被東北地區其他各民族所接受和喜愛。黏豆包一般是在冬季開始的時候製作，然後放入戶外的缸中保存過冬。黏豆包的做法是先把大黃米泡上半日，然後淘淨沙子，叫「淘米」，之後晾大半乾，磨成麵，再用冷水和麵，像做白麵饅頭那樣進行「發酵」。待發出酸味，開始用手揉麵。這是頭一步。第二步是製餡。將紅小豆或大芸豆煮熟（不可煮破皮），搗成豆沙醬，放入細砂糖，攢成核桃大的餡糰，備用。第三步是用揉好的黃米麵將豆餡糰包入裡面，糰成豆包狀，用菠蘿葉、蘇子葉或者玉米葉、白菜葉做墊托，在屜中大火蒸二十分鐘，即可出鍋。現在，黏豆包作為春節期間的民俗食品，深受城鄉大眾的喜歡。隨著人們的生活水平不斷提高，如今人們已把黏豆包視為一種地地道道的，具有北方特色的日常風味食品了。在通榆縣有代表性的是興隆山豆包，已經打出品牌，遠近聞名。

少數民族的特色食品

通榆境內的少數民族特色食品常見的大體有如下幾種：

蒙古族特色食品

麵腸　蒙古族殺豬、殺羊時做的具有蒙古族特點的食品。它不同於滿族、漢族的血腸。麵腸的做法是在血中加入蕎麥麵、豬板油丁（腔子油）及各種佐料，灌入豬腸、羊腸中，煮熟、放涼、切片，大火油煎至外層肉皮微焦，即可食用。

炒米　蒙古族語稱「熬特八達」，意思是適於游牧的糧食。其製法是：將稷子用水洗淨、蒸煮（不能煮開花），然後在鍋內用沙子翻炒。之後，上碾子去皮，再淨糠即成。進餐時加糖、奶油，用熱奶泡後食用。

▲ 炒米

餡餅　通榆蒙古族農牧民在長期的生活實踐中所獨創的、具有鮮明的民族特點和地區特點的麵食。做法是揪軟麵在手心中攤開，填肉餡，團成包子形，然後在鍋內用鐵板勺再攤開，直到見餡而不露，烙熟後食用。曾有詩贊曰：「皮薄如紙餡可見，香勝乳餅不膩甜。蒙古族餡餅獨一味，世人食後皆嘆贊。」

▲ 蒙古族餡餅

肉粥　取小米或大米淘淨，切入肉丁加水煮熟即可。長期以來，肉粥已成為蒙古族人愛吃的飯食。直到今日，每逢農曆臘月二十三（即小年）有些農牧

▲ 肉粥

民家庭還要煮肉粥吃。

奶茶　蒙古族人民喜歡喝茶，特別喜歡喝奶茶。蒙古族人喝奶茶歷史很久遠，至少在宋遼時期茶葉已經到了北方。宋朝為用茶換取北方牧民的家畜及畜產品，在邊關實行茶馬互市。為此，還專門置立了都大提舉茶馬司這一官署。

▲ 奶茶

奶茶用磚茶和奶煮成。一般做法是先把茶磚搗碎放在水中煮，茶燒開後，加入鮮奶，再燒開後，除去殘茶，裝入壺中飲用。依個人喜好或用淡鹽，或用糖提味，亦可單獨飲用，也可在喝茶時吃些炒米、奶皮子、手扒肉等各種食品。因其與滿、漢族用茶方法都不同，所以人們把奶茶也叫「蒙古茶」。

▲ 馬奶酒

馬奶酒　用馬乳釀酒，蒙古族古代就很盛行。最初多在遠行狩獵時為防饑渴，在皮囊（或牛的膀胱）中裝些馬奶，帶在身邊。由於整天飛馬顛簸，使奶液

▲ 牛犢湯

發酵分離，渣滓下沉，純淨的乳清浮在上邊，成了有催眠作用的奶酒。人們由此也逐漸學會了釀製奶酒。其色清如玉，味甘香。元朝詩人許有壬形容它「味似融甘露，香疑釀醴泉」。

牛犢湯　通榆蒙古族農牧民普遍喜愛的一種麵食。蒙古族語稱作「陶格勒」。做法是把蕎麥麵搓成疙瘩，再捻成貓耳朵形的麵片（也有的用揪切的白麵片兒），用牛奶煮熟後，佐以黃油、奶皮子、白糖食用。

朝鮮族特色食品

冷麵 以適當比例的蕎麥麵粉、澱粉等摻和軋成如粉條狀的圓條，用精牛肉，或雞肉、雞蛋熬湯，冷卻後再放油。麵條煮熟後用水泡涼，放入碗內，加香油、胡椒、辣椒等調料，再放入牛肉片、雞蛋絲、梨片或蘋果片等。朝鮮族有正月初四吃冷麵的習俗，冷麵又稱為「長壽麵」。

▲ 冷麵

回族特色食品

燉牛肉 回族的燉牛肉是通榆的一絕，燉牛肉，主要是用牛肋板肉，添加醬油、食鹽、蔥段、甜麵醬、蒜、姜、花椒、大料、丁香、桂皮、荳蔻、砂仁、肉桂、白芷等佐料，用溫火慢慢燉爛。特點是筋頭巴腦，色澤紅亮，軟綿香嫩。大眾化菜，也非常適宜身體虛弱及處於病癒恢復期的人吃。

▲ 燉牛肉

吉林文庫　A0703A06

文化吉林：通榆卷

主　　編	莊　嚴
版權策畫	李　鋒
責任編輯	林以邠
發 行 人	陳滿銘
總 經 理	梁錦興
總 編 輯	陳滿銘
副總編輯	張晏瑞
編 輯 所	萬卷樓圖書股份有限公司
排　　版	菩薩蠻數位文化有限公司
印　　刷	維中科技有限公司
封面設計	菩薩蠻數位文化有限公司

出　　版　昌明文化有限公司

桃園市龜山區中原街 32 號

電話　(02)23216565

發　　行　萬卷樓圖書股份有限公司

臺北市羅斯福路二段 41 號 6 樓之 3

電話　(02)23216565

傳真　(02)23218698

電郵　SERVICE@WANJUAN.COM.TW

大陸經銷　廈門外圖臺灣書店有限公司

　　　　　電郵　JKB188@188.COM

ISBN 978-986-496-247-1

2018 年 1 月初版

定價：新臺幣 440 元

如何購買本書：

1. 轉帳購書，請透過以下帳戶

　　合作金庫銀行　古亭分行

　　戶名：萬卷樓圖書股份有限公司

　　帳號：0877717092596

2. 網路購書，請透過萬卷樓網站

　　網址　WWW.WANJUAN.COM.TW

大量購書，請直接聯繫我們，將有專人為您

服務。客服：(02)23216565 分機 610

如有缺頁、破損或裝訂錯誤，請寄回更換

國家圖書館出版品預行編目資料

文化吉林. 通榆卷 / 莊嚴主編.-- 初版.-- 桃

園市：昌明文化出版；臺北市：萬卷樓發

行, 2018.01

　　冊；　　公分

ISBN 978-986-496-247-1(平裝). --

1.文化史　2.人文地理　3.吉林省

674.2408　　　　　　　　　　107002023

本著作物經廈門墨客知識產權代理有限公司代理，由時代文藝出版社授權萬卷樓圖書

股份有限公司出版、發行中文繁體字版版權。